PREFACIO

La colección de guías de conversación para viajar "Todo irá bien" publicada por T&P Books está diseñada para personas que viajan al extranjero para turismo y negocios. Las guías contienen lo más importante - los elementos esenciales para una comunicación básica.Éste es un conjunto de frases imprescindibles para "sobrevivir" mientras está en el extranjero.

Esta guía de conversación le ayudará en la mayoría de los casos donde usted necesite pedir algo, conseguir direcciones, saber cuánto cuesta algo, etc. Puede también resolver situaciones difíciles de la comunicación donde los gestos no pueden ayudar.

Este libro contiene muchas frases que han sido agrupadas según los temas más relevantes. Una sección separada del libro también ofrece un pequeño diccionario con más de 1.500 palabras importantes y útiles.

Llévese la guía de conversación "Todo irá bien" en el camino y tendrá una insustituible compañera de viaje que le ayudará a salir de cualquier situación y le enseñará a no temer hablar con extranjeros.

TABLA DE CONTENIDOS

T&P Books Publishing

Colección de guías de conversación
"¡Todo irá bien!"

T&P Books Publishing

GUÍA DE CONVERSACIÓN
INGLÉS

LAS PALABRAS Y LAS FRASES MÁS ÚTILES

Esta Guía de Conversación contiene las frases y las preguntas más comunes necesitadas para una comunicación básica con extranjeros

Andrey Taranov

T&P BOOKS

Guía de conversación + diccionario de 1500 palabras

Guía de conversación Español-Inglés y diccionario conciso de 1500 palabras

por Andrey Taranov

La colección de guías de conversación para viajar "Todo irá bien" publicada por T&P Books está diseñada para personas que viajan al extranjero para turismo y negocios. Las guías contienen lo más importante - los elementos esenciales para una comunicación básica. Éste es un conjunto de frases imprescindibles para "sobrevivir" mientras está en el extranjero.

Una otra sección del libro también ofrece un pequeño diccionario con más de 1.500 palabras útiles. El diccionario incluye muchos términos gastronómicos y será de gran ayuda para pedir los alimentos en un restaurante o comprando comestibles en la tienda.

T&P Books Publishing
www.tpbooks.com

ISBN: 978-1-78492-634-2

Este libro está disponible en formato electrónico o de E-Book también.
Visite www.tpbooks.com o las librerías electrónicas más destacadas en la Red.

PRONUNCIACIÓN

La letra	Ejemplo inglés americano	T&P alfabeto fonético	Ejemplo español

Las vocales

La letra	Ejemplo inglés americano	T&P alfabeto fonético	Ejemplo español
a	age	[eɪ]	béisbol
a	bag	[æ]	vencer
a	car	[ɑ:]	arado
a	care	[eə]	idea
e	meat	[i:]	destino
e	pen	[e]	verano
e	verb	[ɜ]	suelo
e	here	[ɪə]	Aries
i	life	[aj]	paisaje
i	sick	[ɪ]	abismo
i	girl	[ø]	alemán - Hölle
i	fire	[ajə]	callejón
o	rose	[əʊ]	terapeuta
o	shop	[ɒ]	paralelo
o	sport	[ɔ:]	pollo
o	ore	[ɔ:]	pollo
u	to include	[u:]	jugador
u	sun	[ʌ]	¡Basta!
u	church	[ɜ]	suelo
u	pure	[ʊə]	huerta
y	to cry	[aj]	paisaje
y	system	[ɪ]	abismo
y	Lyre	[ajə]	callejón
y	party	[ɪ]	abismo

Las consonantes

La letra	Ejemplo inglés americano	T&P alfabeto fonético	Ejemplo español
b	bar	[b]	en barco
c	city	[s]	salva
c	clay	[k]	charco
d	day	[d]	desierto
f	face	[f]	golf
g	geography	[dʒ]	jazz

La letra	Ejemplo inglés americano	T&P alfabeto fonético	Ejemplo español
g	glue	[g]	jugada
h	home	[h]	registro
j	joke	[dʒ]	jazz
k	king	[k]	charco
l	love	[l]	lira
m	milk	[m]	nombre
n	nose	[n]	número
p	pencil	[p]	precio
q	queen	[k]	charco
r	rose	[r]	era, alfombra
s	sleep	[s]	salva
s	please	[z]	desde
s	pleasure	[ʒ]	adyacente
t	table	[t]	torre
v	velvet	[v]	travieso
w	winter	[w]	acuerdo
x	ox	[ks]	taxi
x	exam	[gz]	inglés - exam
z	azure	[ʒ]	adyacente
z	zebra	[z]	desde

Las combinaciones de letras

ch	China	[ʧ]	mapache
ch	chemistry	[k]	charco
ch	machine	[ʃ]	shopping
sh	ship	[ʃ]	shopping
th	weather	[ð]	alud
th	tooth	[θ]	pinzas
ph	telephone	[f]	golf
ck	black	[k]	charco
ng	ring	[ŋ]	manga
ng	English	[ŋ]	manga
wh	white	[w]	acuerdo
wh	whole	[h]	registro
wr	wrong	[r]	era, alfombra
gh	enough	[f]	golf
gh	sign	[n]	número
kn	knife	[n]	número
qu	question	[kv]	Kuala Lumpur
tch	catch	[ʧ]	mapache
oo+k	book	[ʊ]	pulpo
oo+r	door	[ɔ:]	pollo
ee	tree	[i:]	destino
ou	house	[aʊ]	autobús
ou+r	our	[aʊə]	cacahuete

La letra	Ejemplo inglés americano	T&P alfabeto fonético	Ejemplo español
ay	today	[eɪ]	béisbol
ey	they	[eɪ]	béisbol

LISTA DE ABREVIATURAS

Abreviatura en español

adj	-	adjetivo
adv	-	adverbio
anim.	-	animado
conj	-	conjunción
etc.	-	etcétera
f	-	sustantivo femenino
f pl	-	femenino plural
fam.	-	uso familiar
fem.	-	femenino
form.	-	uso formal
inanim.	-	inanimado
innum.	-	innumerable
m	-	sustantivo masculino
m pl	-	masculino plural
m, f	-	masculino, femenino
masc.	-	masculino
mat	-	matemáticas
mil.	-	militar
num.	-	numerable
p.ej.	-	por ejemplo
pl	-	plural
pron	-	pronombre
sg	-	singular
v aux	-	verbo auxiliar
vi	-	verbo intransitivo
vi, vt	-	verbo intransitivo, verbo transitivo
vr	-	verbo reflexivo
vt	-	verbo transitivo

Abreviatura en inglés americano

v aux	-	verbo auxiliar
vi	-	verbo intransitivo
vi, vt	-	verbo intransitivo, verbo transitivo
vt	-	verbo transitivo

T&P BOOKS

GUÍA DE
CONVERSACIÓN
INGLÉS

Esta sección contiene frases
importantes que pueden
resultar útiles en varias
situaciones de la vida real.
La Guía le ayudará a pedir
direcciones, aclaración
sobre precio, comprar billetes,
y pedir alimentos en un
restaurante

T&P Books Publishing

CONTENIDO DE LA GUÍA DE CONVERSACIÓN

T&P Books Publishing

Perdone, ...	**Excuse me, ...** [ɪk'skjuːz miː, ...]
Hola.	**Hello.** [həˈləʊ]
Gracias.	**Thank you.** [θæŋk ju]

Sí.	**Yes.** [jes]
No.	**No.** [nəʊ]
No lo sé.	**I don't know.** [aɪ dəʊnt nəʊ]
¿Dónde? | ¿A dónde? | ¿Cuándo?	**Where? | Where to? | When?** [weə? | weə tuː? | wen?]

Necesito ...	**I need ...** [aɪ niːd ...]
Quiero ...	**I want ...** [aɪ wɒnt ...]
¿Tiene ...?	**Do you have ...?** [də ju hɛv ...?]
¿Hay ... por aquí?	**Is there a ... here?** [ɪz ðər ə ... hɪə?]
¿Puedo ...?	**May I ...?** [meɪ aɪ ...?]
..., por favor? (petición educada)	**..., please** [..., pliːz]

Busco ...	**I'm looking for ...** [aɪm ˈlʊkɪŋ fə ...]
el servicio	**restroom** [ˈrestruːm]
un cajero automático	**ATM** [eɪtiːˈem]
una farmacia	**pharmacy, drugstore** [ˈfɑːməsi, ˈdrʌgstɔː]
el hospital	**hospital** [ˈhɒspɪtl]

la comisaría	**police station** [pəˈliːs ˈsteɪʃn]
el metro	**subway** [ˈsʌbweɪ]

un taxi	**taxi** ['tæksi]
la estación de tren	**train station** [treɪn 'steɪʃn]

Me llamo …	**My name is …** [maɪ 'neɪm ɪz …]
¿Cómo se llama?	**What's your name?** [wɒts jɔː 'neɪm?]
¿Puede ayudarme, por favor?	**Could you please help me?** [kəd ju pliːz help miː?]
Tengo un problema.	**I've got a problem.** [av gɒt ə 'prɒbləm]
Me encuentro mal.	**I don't feel well.** [aɪ dəʊnt fiːl wel]
¡Llame a una ambulancia!	**Call an ambulance!** [kɔːl ən 'æmbjələns!]
¿Puedo llamar, por favor?	**May I make a call?** [meɪ aɪ 'meɪk ə kɔːl?]

Lo siento.	**I'm sorry.** [aɪm 'sɒri]
De nada.	**You're welcome.** [juə 'welkəm]

Yo	**I, me** [aɪ, mi]
tú	**you** [ju]
él	**he** [hi]
ella	**she** [ʃi]
ellos	**they** [ðeɪ]
ellas	**they** [ðeɪ]
nosotros /nosotras/	**we** [wi]
ustedes, vosotros	**you** [ju]
usted	**you** [ju]

ENTRADA	**ENTRANCE** ['entrɑːns]
SALIDA	**EXIT** ['eksɪt]
FUERA DE SERVICIO	**OUT OF ORDER** [aʊt əv 'ɔːdə]
CERRADO	**CLOSED** [kləʊzd]

ABIERTO

OPEN
['əʊpən]

PARA SEÑORAS

FOR WOMEN
[fə 'wɪmɪn]

PARA CABALLEROS

FOR MEN
[fə men]

Preguntas

¿Dónde?

¿A dónde?

¿De dónde?

¿Por qué?

¿Con que razón?

¿Cuándo?

Where?
[weə?]

Where to?
[weə tuː?]

Where from?
[weə frɒm?]

Why?
[waɪ?]

Why?
[waɪ?]

When?
[wen?]

¿Cuánto tiempo?

¿A qué hora?

¿Cuánto?

¿Tiene ...?

¿Dónde está ...?

How long?
[haʊ 'lɒŋ?]

At what time?
[ət wɒt 'taɪm?]

How much?
[haʊ 'mʌtʃ?]

Do you have ...?
[də ju hɛv ...?]

Where is ...?
[weə ɪz ...?]

¿Qué hora es?

¿Puedo llamar, por favor?

¿Quién es?

¿Se puede fumar aquí?

¿Puedo ...?

What time is it?
[wɒt taɪm ɪz ɪt?]

May I make a call?
[meɪ aɪ meɪk ə kɔːl?]

Who's there?
[huːz ðeə?]

Can I smoke here?
[kən aɪ sməʊk hɪə?]

May I ...?
[meɪ aɪ ...?]

Necesidades

Quisiera …	**I'd like …** [aɪd 'laɪk …]
No quiero …	**I don't want …** [aɪ dəʊnt wɒnt …]
Tengo sed.	**I'm thirsty.** [aɪm 'θɜ:sti]
Tengo sueño.	**I want to sleep.** [aɪ wɒnt tə sli:p]
Quiero …	**I want …** [aɪ wɒnt …]
lavarme	**to wash up** [tə wɒʃ ʌp]
cepillarme los dientes	**to brush my teeth** [tə brʌʃ maɪ ti:θ]
descansar un momento	**to rest a while** [tə rest ə waɪl]
cambiarme de ropa	**to change my clothes** [tə tʃeɪndʒ maɪ kləʊðz]
volver al hotel	**to go back to the hotel** [tə gəʊ 'bæk tə ðə həʊ'tel]
comprar …	**to buy …** [tə baɪ …]
ir a …	**to go to …** [tə gəʊ tə …]
visitar …	**to visit …** [tə 'vɪzɪt …]
quedar con …	**to meet with …** [tə mi:t wɪð …]
hacer una llamada	**to make a call** [tə meɪk ə kɔ:l]
Estoy cansado /cansada/.	**I'm tired.** [aɪm 'taɪəd]
Estamos cansados /cansadas/.	**We are tired.** [wi ə 'taɪəd]
Tengo frío.	**I'm cold.** [aɪm kəʊld]
Tengo calor.	**I'm hot.** [aɪm hɒt]
Estoy bien.	**I'm OK.** [aɪm əʊ'keɪ]

Tengo que hacer una llamada.

I need to make a call.
[aɪ niːd tə meɪk ə kɔːl]

Necesito ir al servicio.

I need to go to the restroom.
[aɪ niːd tə gəʊ tə ðə 'restruːm]

Me tengo que ir.

I have to go.
[aɪ hɛv tə gəʊ]

Me tengo que ir ahora.

I have to go now.
[aɪ hɛv tə gəʊ naʊ]

Preguntar por direcciones

Perdone, ...

Excuse me, ...
[ɪk'skjuːz miː, ...]

¿Dónde está ...?

Where is ...?
[weə ɪz ...?]

¿Por dónde está ...?

Which way is ...?
[wɪtʃ weɪ ɪz ...?]

¿Puede ayudarme, por favor?

Could you help me, please?
[kəd ju help miː, pliːz?]

Busco ...

I'm looking for ...
[aɪm 'lʊkɪŋ fə ...]

Busco la salida.

I'm looking for the exit.
[aɪm 'lʊkɪŋ fə ði 'eksɪt]

Voy a ...

I'm going to ...
[aɪm 'gəʊɪŋ tə ...]

¿Voy bien por aquí para ...?

Am I going the right way to ...?
[əm aɪ 'gəʊɪŋ ðə raɪt 'weɪ tə ...?]

¿Está lejos?

Is it far?
[ɪz ɪt fɑː?]

¿Puedo llegar a pie?

Can I get there on foot?
[kən aɪ get ðər ɒn fʊt?]

¿Puede mostrarme en el mapa?

Can you show me on the map?
[kən ju ʃəʊ miː ɒn ðə mæp?]

Por favor muestreme dónde estamos.

Show me where we are right now.
[ʃəʊ miː weə wi ə raɪt naʊ]

Aquí

Here
[hɪə]

Allí

There
[ðeə]

Por aquí

This way
[ðɪs weɪ]

Gire a la derecha.

Turn right.
[tɜːn raɪt]

Gire a la izquierda.

Turn left.
[tɜːn left]

la primera (segunda, tercera) calle

first (second, third) turn
[fɜːst ('sekənd, θɜːd) tɜːn]

a la derecha

to the right
[tə ðə raɪt]

a la izquierda

to the left
[tə ðə left]

Siga recto.

Go straight.
[gəʊ streɪt]

Carteles

¡BIENVENIDO!	**WELCOME!** ['welkəm!]
ENTRADA	**ENTRANCE** ['entrɑːns]
SALIDA	**EXIT** ['eksɪt]
EMPUJAR	**PUSH** [puʃ]
TIRAR	**PULL** [pul]
ABIERTO	**OPEN** ['əupən]
CERRADO	**CLOSED** [kləuzd]
PARA SEÑORAS	**FOR WOMEN** [fə 'wɪmɪn]
PARA CABALLEROS	**FOR MEN** [fə men]
CABALLEROS	**MEN, GENTS** [men, dʒents]
SEÑORAS	**WOMEN, LADIES** ['wɪmɪn, 'leɪdɪz]
REBAJAS	**DISCOUNTS** ['dɪskaunts]
VENTA	**SALE** [seɪl]
GRATIS	**FREE** [friː]
¡NUEVO!	**NEW!** [njuː!]
ATENCIÓN	**ATTENTION!** [ə'tenʃn!]
COMPLETO	**NO VACANCIES** [nəu 'veɪkənsɪz]
RESERVADO	**RESERVED** [rɪ'zɜːvd]
ADMINISTRACIÓN	**ADMINISTRATION** [ədmɪnɪ'streɪʃn]
SÓLO PERSONAL AUTORIZADO	**STAFF ONLY** [stɑːf 'əunli]

CUIDADO CON EL PERRO

BEWARE OF THE DOG!
[bɪ'weər əv ðə dɒg!]

NO FUMAR

NO SMOKING!
[nəʊ 'sməʊkɪŋ!]

NO TOCAR

DO NOT TOUCH!
[də nɒt tʌtʃ!]

PELIGROSO

DANGEROUS
['deɪndʒərəs]

PELIGRO

DANGER
['deɪndʒə]

ALTA TENSIÓN

HIGH VOLTAGE
[haɪ 'vəʊltɪdʒ]

PROHIBIDO BAÑARSE

NO SWIMMING!
[nəʊ 'swɪmɪŋ!]

FUERA DE SERVICIO

OUT OF ORDER
[aʊt əv 'ɔːdə]

INFLAMABLE

FLAMMABLE
['flæməbl]

PROHIBIDO

FORBIDDEN
[fə'bɪdn]

PROHIBIDO EL PASO

NO TRESPASSING!
[nəʊ 'trespəsɪŋ!]

RECIÉN PINTADO

WET PAINT
[wet peɪnt]

CERRADO POR RENOVACIÓN

CLOSED FOR RENOVATIONS
[kləʊzd fə renə'veɪʃnz]

EN OBRAS

WORKS AHEAD
['wɜːks ə'hed]

DESVÍO

DETOUR
['diːtʊə]

Transporte. Frases generales

el avión	**plane** [pleɪn]
el tren	**train** [treɪn]
el bus	**bus** [bʌs]
el ferry	**ferry** ['feri]
el taxi	**taxi** ['tæksi]
el coche	**car** [kɑ:]

el horario	**schedule** ['ʃedju:l]
¿Dónde puedo ver el horario?	**Where can I see the schedule?** [weə kən aɪ si: ðə 'ʃedju:l?]
días laborables	**workdays** ['wɜ:kdeɪz]
fines de semana	**weekends** [wi:k'endz]
días festivos	**holidays** ['hɒlədeɪz]

SALIDA	**DEPARTURE** [dɪ'pɑ:tʃə]
LLEGADA	**ARRIVAL** [ə'raɪvl]
RETRASADO	**DELAYED** [dɪ'leɪd]
CANCELADO	**CANCELED** ['kænsəld]

siguiente (tren, etc.)	**next** [nɛkst]
primero	**first** [fɜ:st]
último	**last** [lɑ:st]

¿Cuándo pasa el siguiente ...?	**When is the next ...?** [wen ɪz ðə nɛkst ...?]
¿Cuándo pasa el primer ...?	**When is the first ...?** [wen ɪz ðə fɜ:st ...?]

¿Cuándo pasa el último ...?

When is the last ...?
[wen ɪz ðə lɑːst ...?]

el trasbordo (cambio de trenes, etc.)

transfer
['trænsfɜː]

hacer un trasbordo

to make a transfer
[tə meɪk ə 'trænsfɜː]

¿Tengo que hacer un trasbordo?

Do I need to make a transfer?
[də aɪ niːd tə meɪk ə 'trænsfɜː?]

Comprar billetes

¿Dónde puedo comprar un billete?
Where can I buy tickets?
[weə kən aɪ baɪ 'tɪkɪts?]

el billete
ticket
['tɪkɪt]

comprar un billete
to buy a ticket
[tə baɪ ə 'tɪkɪt]

precio del billete
ticket price
['tɪkɪt praɪs]

¿Para dónde?
Where to?
[weə tu:?]

¿A qué estación?
To what station?
[tə wɒt steɪʃn?]

Necesito ...
I need ...
[aɪ ni:d ...]

un billete
one ticket
[wʌn 'tɪkɪt]

dos billetes
two tickets
[tu: 'tɪkɪts]

tres billetes
three tickets
[θri: 'tɪkɪts]

sólo ida
one-way
[wʌn'weɪ]

ida y vuelta
round-trip
[rɑːwnd trɪp]

en primera (primera clase)
first class
[fɜːst klɑːs]

en segunda (segunda clase)
second class
['sekənd klɑːs]

hoy
today
[tə'deɪ]

mañana
tomorrow
[tə'mɒrəʊ]

pasado mañana
the day after tomorrow
[ðə deɪ 'ɑːftə tə'mɒrəʊ]

por la mañana
in the morning
[ɪn ðə 'mɔːnɪŋ]

por la tarde
in the afternoon
[ɪn ði ɑːftə'nuːn]

por la noche
in the evening
[ɪn ði 'iːvnɪŋ]

asiento de pasillo

aisle seat
[aɪl siːt]

asiento de ventanilla

window seat
['wɪndəʊ siːt]

¿Cuánto cuesta?

How much?
[haʊ mʌtʃ?]

¿Puedo pagar con tarjeta?

Can I pay by credit card?
[kən aɪ peɪ baɪ 'kredɪt kɑːd?]

Autobús

el autobús	**bus** [bʌs]
el autobús interurbano	**intercity bus** [ɪntəˈsɪti bʌs]
la parada de autobús	**bus stop** [bʌs stɒp]
¿Dónde está la parada de autobuses más cercana?	**Where's the nearest bus stop?** [weəz ðə ˈnɪərɪst bʌs stɒp?]

número	**number** [ˈnʌmbə]
¿Qué autobús tengo que tomar para ...?	**Which bus do I take to get to ...?** [wɪtʃ bʌs də aɪ teɪk tə get tə ...?]
¿Este autobús va a ...?	**Does this bus go to ...?** [dəz ðɪs bʌs gəʊ tə ...?]
¿Cada cuanto pasa el autobús?	**How frequent are the buses?** [haʊ frɪˈkwent ə ðə ˈbʌsɪz?]

cada 15 minutos	**every 15 minutes** [ˈevri fɪfˈtiːn ˈmɪnɪts]
cada media hora	**every half hour** [ˈevri hɑːf ˈaʊə]
cada hora	**every hour** [ˈevri ˈaʊə]
varias veces al día	**several times a day** [ˈsevrəl taɪmz ə deɪ]
... veces al día	**... times a day** [... taɪmz ə deɪ]

el horario	**schedule** [ˈʃedjuːl]
¿Dónde puedo ver el horario?	**Where can I see the schedule?** [weə kən aɪ siː ðə ˈʃedjuːl?]
¿Cuándo pasa el siguiente autobús?	**When is the next bus?** [wen ɪz ðə nɛkst bʌs?]
¿Cuándo pasa el primer autobús?	**When is the first bus?** [wen ɪz ðə fɜːst bʌs?]
¿Cuándo pasa el último autobús?	**When is the last bus?** [wen ɪz ðə lɑːst bʌs?]

la parada	**stop** [stɒp]
la siguiente parada	**next stop** [nɛkst stɒp]

la última parada

last stop
[lɑ:st stɒp]

Pare aquí, por favor.

Stop here, please.
[stɒp hɪə, pli:z]

Perdone, esta es mi parada.

Excuse me, this is my stop.
[ɪk'skju:z mi:, ðɪs ɪz maɪ stɒp]

Tren

el tren	**train** [treɪn]
el tren de cercanías	**suburban train** [sə'bɜːbən treɪn]
el tren de larga distancia	**long-distance train** ['lɒŋdɪstəns treɪn]
la estación de tren	**train station** [treɪn steɪʃn]
Perdone, ¿dónde está la salida al anden?	**Excuse me, where is the exit to the platform?** [ɪk'skjuːz miː, weə ɪz ði 'eksɪt tə ðə 'plætfɔːm?]

¿Este tren va a …?	**Does this train go to …?** [dəz ðɪs treɪn gəʊ tə …?]
el siguiente tren	**next train** [nɛkst treɪn]
¿Cuándo pasa el siguiente tren?	**When is the next train?** [wen ɪz ðə nɛkst treɪn?]
¿Dónde puedo ver el horario?	**Where can I see the schedule?** [weə kən aɪ siː ðə 'ʃedjuːl?]
¿De qué andén?	**From which platform?** [frəm wɪtʃ 'plætfɔːm?]
¿Cuándo llega el tren a …?	**When does the train arrive in …?** [wen dəz ðə treɪn ə'raɪv ɪn …?]

Ayudeme, por favor.	**Please help me.** [pliːz help miː]
Busco mi asiento.	**I'm looking for my seat.** [aɪm 'lʊkɪŋ fə maɪ siːt]
Buscamos nuestros asientos.	**We're looking for our seats.** [wɪə 'lʊkɪŋ fə 'aʊə siːts]
Mi asiento está ocupado.	**My seat is taken.** [maɪ siːt ɪs 'teɪkən]
Nuestros asientos están ocupados.	**Our seats are taken.** ['aʊə siːts ə 'teɪkən]

Perdone, pero ese es mi asiento.	**I'm sorry but this is my seat.** [aɪm 'sɒri bət ðɪs ɪz maɪ siːt]
¿Está libre?	**Is this seat taken?** [ɪz ðɪs siːt 'teɪkən?]
¿Puedo sentarme aquí?	**May I sit here?** [meɪ aɪ sɪt hɪə?]

En el tren. Diálogo (Sin billete)

Su billete, por favor.

Ticket, please.
['tɪkɪt, pli:z]

No tengo billete.

I don't have a ticket.
[aɪ dəʊnt hɛv ə 'tɪkɪt]

He perdido mi billete.

I lost my ticket.
[aɪ lɒst maɪ 'tɪkɪt]

He olvidado mi billete en casa.

I forgot my ticket at home.
[aɪ fə'gɒt maɪ 'tɪkɪt ət həʊm]

Le puedo vender un billete.

You can buy a ticket from me.
[ju kən baɪ ə 'tɪkɪt frəm mi:]

También deberá pagar una multa.

You will also have to pay a fine.
[ju wɪl 'ɔ:lsəʊ hɛv tə peɪ ə faɪn]

Vale.

Okay.
[əʊ'keɪ]

¿A dónde va usted?

Where are you going?
[weər ə ju 'gəʊɪŋ?]

Voy a …

I'm going to …
[aɪm 'gəʊɪŋ tə …]

¿Cuánto es? No lo entiendo.

How much? I don't understand.
[haʊ 'mʌtʃ? aɪ dəʊnt ʌndə'stænd]

Escríbalo, por favor.

Write it down, please.
['raɪt ɪt daʊn, pli:z]

Vale. ¿Puedo pagar con tarjeta?

Okay. Can I pay with a credit card?
[əʊ'keɪ. kən aɪ peɪ wɪð ə 'kredɪt kɑ:d?]

Sí, puede.

Yes, you can.
[jes, ju kæn]

Aquí está su recibo.

Here's your receipt.
[hɪəz jɔ: rɪ'si:t]

Disculpe por la multa.

Sorry about the fine.
['sɒri ə'baʊt ðə faɪn]

No pasa nada. Fue culpa mía.

That's okay. It was my fault.
[ðæts əʊ'keɪ. ɪt wəz maɪ fɔ:t]

Disfrute su viaje.

Enjoy your trip.
[ɪn'dʒɔɪ jɔ: trɪp]

Taxi

taxi	**taxi** ['tæksi]
taxista	**taxi driver** ['tæksi 'draɪvə]
coger un taxi	**to catch a taxi** [tə kætʃ ə 'tæksi]
parada de taxis	**taxi stand** ['tæksi stænd]
¿Dónde puedo coger un taxi?	**Where can I get a taxi?** [weə kən aɪ get ə 'tæksi?]
llamar a un taxi	**to call a taxi** [tə kɔːl ə 'tæksi]
Necesito un taxi.	**I need a taxi.** [aɪ niːd ə 'tæksi]
Ahora mismo.	**Right now.** [raɪt naʊ]
¿Cuál es su dirección?	**What is your address (location)?** ['wɒts jɔːr ə'dres (ləʊ'keɪʃn)?]
Mi dirección es …	**My address is …** [maɪ ə'dres ɪz …]
¿Cuál es el destino?	**Your destination?** [jɔː destɪ'neɪʃn?]
Perdone, …	**Excuse me, …** [ɪk'skjuːz miː, …]
¿Está libre?	**Are you available?** [ə ju ə'veɪləbl?]
¿Cuánto cuesta ir a …?	**How much is it to get to …?** [haʊ 'mʌtʃ ɪz ɪt tə get tə …?]
¿Sabe usted dónde está?	**Do you know where it is?** [də ju nəʊ weər ɪt ɪz?]
Al aeropuerto, por favor.	**Airport, please.** ['eəpɔːt, pliːz]
Pare aquí, por favor.	**Stop here, please.** [stɒp hɪə, pliːz]
No es aquí.	**It's not here.** [ɪts nɒt hɪə]
La dirección no es correcta.	**This is the wrong address.** [ðɪs ɪz ðə rɒŋ ə'dres]
Gire a la izquierda.	**Turn left.** [tɜːn left]
Gire a la derecha.	**Turn right.** [tɜːn raɪt]

¿Cuánto le debo?

How much do I owe you?
[haʊ 'mʌtʃ də aɪ əʊ ju?]

¿Me da un recibo, por favor?

I'd like a receipt, please.
[aɪd laɪk ə rɪ'siːt, pliːz]

Quédese con el cambio.

Keep the change.
[kiːp ðə tʃeɪndʒ]

Espéreme, por favor.

Would you please wait for me?
[wʊd ju pliːz weɪt fə miː?]

cinco minutos

five minutes
[faɪv 'mɪnɪts]

diez minutos

ten minutes
[ten 'mɪnɪts]

quince minutos

fifteen minutes
[fɪf'tiːn 'mɪnɪts]

veinte minutos

twenty minutes
['twenti 'mɪnɪts]

media hora

half an hour
[hɑːf ən 'aʊə]

Hotel

Hola.	**Hello.** [hə'ləʊ]
Me llamo ...	**My name is ...** [maɪ neɪm ɪz ...]
Tengo una reserva.	**I have a reservation.** [aɪ hɛv ə rezə'veɪʃn]
Necesito ...	**I need ...** [aɪ niːd ...]
una habitación individual	**a single room** [ə sɪŋgl ruːm]
una habitación doble	**a double room** [ə dʌbl ruːm]
¿Cuánto cuesta?	**How much is that?** [haʊ 'mʌtʃ ɪz ðæt?]
Es un poco caro.	**That's a bit expensive.** [ðæts ə bɪt ɪk'spensɪv]
¿Tiene alguna más?	**Do you have anything else?** [du ju: hæv 'enɪθɪŋ els?]
Me quedo.	**I'll take it.** [aɪl teɪk ɪt]
Pagaré en efectivo.	**I'll pay in cash.** [aɪl peɪ ɪn kæʃ]
Tengo un problema.	**I've got a problem.** [aɪv gɒt ə 'prɒbləm]
Mi ... no funciona.	**My ... is broken.** [maɪ ... ɪz 'brəʊkən]
Mi ... está fuera de servicio.	**My ... is out of order.** [maɪ ... ɪz aʊt əv 'ɔ:də]
televisión	**TV** [ti:'vi:]
aire acondicionado	**air conditioner** [eə kən'dɪʃənə]
grifo	**tap** [tæp]
ducha	**shower** ['ʃaʊə]
lavabo	**sink** [sɪŋk]
caja fuerte	**safe** [seɪf]

cerradura   **door lock**
[dɔː lɒk]

enchufe   **electrical outlet**
[ɪ'lektrɪkl 'aʊtlet]

secador de pelo   **hairdryer**
['heədraɪə]

No tengo ...   **I don't have ...**
[aɪ 'dəʊnt hɛv ...]

agua   **water**
['wɔːtə]

luz   **light**
[laɪt]

electricidad   **electricity**
[ɪlek'trɪsɪti]

¿Me puede dar ...?   **Can you give me ...?**
[kən ju gɪv miː ...?]

una toalla   **a towel**
[ə 'taʊəl]

una sábana   **a blanket**
[ə 'blæŋkɪt]

unas chanclas   **slippers**
['slɪpəz]

un albornoz   **a robe**
[ə rəʊb]

un champú   **shampoo**
[ʃæm'puː]

jabón   **soap**
[səʊp]

Quisiera cambiar de habitación.   **I'd like to change rooms.**
[aɪd laɪk tə tʃeɪndʒ ruːmz]

No puedo encontrar mi llave.   **I can't find my key.**
[aɪ kɑːnt faɪnd maɪ kiː]

Por favor abra mi habitación.   **Could you open my room, please?**
[kəd ju 'əʊpən maɪ ruːm, pliːz?]

¿Quién es?   **Who's there?**
[huːz ðeə?]

¡Entre!   **Come in!**
[kʌm 'ɪn!]

¡Un momento!   **Just a minute!**
[dʒəst ə 'mɪnɪt!]

Ahora no, por favor.   **Not right now, please.**
[nɒt raɪt naʊ, pliːz]

Venga a mi habitación, por favor.   **Come to my room, please.**
[kʌm tə maɪ ruːm, pliːz]

Quisiera hacer un pedido.   **I'd like to order food service.**
[aɪd laɪk tu 'ɔːdə fuːd 'sɜːvɪs]

Mi número de habitación es ...   **My room number is ...**
[maɪ ruːm 'nʌmbə iz ...]

Me voy …

I'm leaving …
[aɪm 'li:vɪŋ …]

Nos vamos …

We're leaving …
[wɪə 'li:vɪŋ …]

Ahora mismo

right now
[raɪt nau]

esta tarde

this afternoon
[ðɪs ɑ:ftə'nu:n]

esta noche

tonight
[tə'naɪt]

mañana

tomorrow
[tə'mɒrəʊ]

mañana por la mañana

tomorrow morning
[tə'mɒrəʊ 'mɔ:nɪŋ]

mañana por la noche

tomorrow evening
[tə'mɒrəʊ 'i:vnɪŋ]

pasado mañana

the day after tomorrow
[ðə deɪ 'ɑ:ftə tə'mɒrəʊ]

Quisiera pagar la cuenta.

I'd like to pay.
[aɪd 'laɪk tə peɪ]

Todo ha estado estupendo.

Everything was wonderful.
['evrɪθɪŋ wɒz 'wʌndəfəl]

¿Dónde puedo coger un taxi?

Where can I get a taxi?
[weə kən aɪ get ə 'tæksi?]

¿Puede llamarme un taxi, por favor?

Would you call a taxi for me, please?
[wʊd ju kɔ:l ə 'tæksi fə mi:, pli:z?]

Restaurante

¿Puedo ver el menú, por favor?

Can I look at the menu, please?
[kən aɪ lʊk ət ðə 'menjuː, pliːz?]

Mesa para uno.

Table for one.
['teɪbl fə wʌn]

Somos dos (tres, cuatro).

There are two (three, four) of us.
[ðər ə tuː (θriː, fɔːr) əv'ʌs]

Para fumadores

Smoking
['sməʊkɪŋ]

Para no fumadores

No smoking
[nəʊ 'sməʊkɪŋ]

¡Por favor! (llamar al camarero)

Excuse me!
[ɪk'skjuːz miː!]

la carta

menu
['menjuː]

la carta de vinos

wine list
[waɪn lɪst]

La carta, por favor.

The menu, please.
[ðə 'menjuː, pliːz]

¿Está listo para pedir?

Are you ready to order?
[ə ju 'redi tu 'ɔːdə?]

¿Qué quieren pedir?

What will you have?
[wɒt wɪl ju hæv?]

Yo quiero …

I'll have …
[aɪl hɛv …]

Soy vegetariano.

I'm a vegetarian.
[aɪm ə vedʒɪ'teərɪən]

carne

meat
[miːt]

pescado

fish
[fɪʃ]

verduras

vegetables
['vedʒɪtəblz]

¿Tiene platos para vegetarianos?

Do you have vegetarian dishes?
[də ju hɛv vedʒɪ'teərɪən 'dɪʃɪz?]

No como cerdo.

I don't eat pork.
[aɪ dəʊnt iːt pɔːk]

Él /Ella/ no come carne.

He /she/ doesn't eat meat.
[hi /ʃi/ 'dʌznt iːt miːt]

Soy alérgico a …

I am allergic to …
[aɪ əm ə'lɜːdʒɪk tə …]

¿Me puede traer ..., por favor?

Would you please bring me ...
[wʊd ju pliːz brɪŋ miː ...]

sal | pimienta | azúcar

salt | pepper | sugar
[sɔːlt | 'pepə | 'ʃʊgə]

café | té | postre

coffee | tea | dessert
['kɒfi | tiː | dɪ'zɜːt]

agua | con gas | sin gas

water | sparkling | plain
['wɔːtə | 'spɑːklɪŋ | pleɪn]

una cuchara | un tenedor | un cuchillo

spoon | fork | knife
[spuːn | fɔːk | naɪf]

un plato | una servilleta

plate | napkin
[pleɪt | 'næpkɪn]

¡Buen provecho!

Enjoy your meal!
[ɪn'dʒɔɪ jɔː miːl!]

Uno más, por favor.

One more, please.
[wʌn mɔː, pliːz]

Estaba delicioso.

It was very delicious.
[ɪt wəz 'veri dɪ'lɪʃəs]

---

la cuenta | el cambio | la propina

check | change | tip
[tʃek | tʃeɪndʒ | tɪp]

La cuenta, por favor.

Check, please.
[tʃek, pliːz]

¿Puedo pagar con tarjeta?

Can I pay by credit card?
[kən aɪ peɪ baɪ 'kredɪt kɑːd?]

Perdone, aquí hay un error.

I'm sorry, there's a mistake here.
[aɪm 'sɒri, ðeəz ə mɪ'steɪk hɪə]

De Compras

¿Puedo ayudarle?	**Can I help you?** [kən aɪ help ju?]
¿Tiene ...?	**Do you have ...?** [də ju hɛv ...?]
Busco ...	**I'm looking for ...** [aɪm 'lʊkɪŋ fə ...]
Necesito ...	**I need ...** [aɪ niːd ...]

Sólo estoy mirando.	**I'm just looking.** [aɪm dʒəst 'lʊkɪŋ]
Sólo estamos mirando.	**We're just looking.** [wɪə dʒəst 'lʊkɪŋ]
Volveré más tarde.	**I'll come back later.** [aɪl kʌm bæk 'leɪtə]
Volveremos más tarde.	**We'll come back later.** [wil kʌm bæk 'leɪtə]
descuentos | oferta	**discounts | sale** [dɪs'kaʊnts | seɪl]

Por favor, enséñeme ...	**Would you please show me ...** [wʊd ju pliːz ʃəʊ miː ...]
¿Me puede dar ..., por favor?	**Would you please give me ...** [wʊd ju pliːz gɪv miː ...]
¿Puedo probarmelo?	**Can I try it on?** [kən aɪ traɪ ɪt ɒn?]
Perdone, ¿dónde están los probadores?	**Excuse me, where's the fitting room?** [ɪk'skjuːz miː, weəz ðə 'fɪtɪŋ ruːm?]
¿Qué color le gustaría?	**Which color would you like?** [wɪtʃ 'kʌlər wʊd ju 'laɪk?]
la talla | el largo	**size | length** [saɪz | leŋθ]
¿Cómo le queda? (¿Está bien?)	**How does it fit?** [haʊ dəz ɪt fɪt?]

¿Cuánto cuesta esto?	**How much is it?** [haʊ 'mʌtʃ ɪz ɪt?]
Es muy caro.	**That's too expensive.** [ðæts tuː ɪk'spensɪv]
Me lo llevo.	**I'll take it.** [aɪl teɪk ɪt]
Perdone, ¿dónde está la caja?	**Excuse me, where do I pay?** [ɪk'skjuːz miː, weə də aɪ peɪ?]

¿Pagará en efectivo o con tarjeta?

Will you pay in cash or credit card?
[wɪl ju peɪ ɪn kæʃ ɔː 'kredɪt kɑːd?]

en efectivo | con tarjeta

In cash | with credit card
[ɪn kæʃ | wɪð 'kredɪt kɑːd]

¿Quiere el recibo?

Do you want the receipt?
[də ju wɒnt ðə rɪ'siːt?]

Sí, por favor.

Yes, please.
[jes, pliːz]

No, gracias.

No, it's OK.
[nəʊ, ɪts əʊ'keɪ]

Gracias. ¡Que tenga un buen día!

Thank you. Have a nice day!
[θæŋk ju. hɛv ə naɪs deɪ!]

En la ciudad

Perdone, por favor.	**Excuse me, please.** [ɪk'skjuːz miː, pliːz]
Busco ...	**I'm looking for ...** [aɪm 'lʊkɪŋ fə ...]
el metro	**the subway** [ðə 'sʌbweɪ]
mi hotel	**my hotel** [maɪ həʊ'tel]
el cine	**the movie theater** [ðə 'muːvi 'θiːətə]
una parada de taxis	**a taxi stand** [ə 'tæksi stænd]
un cajero automático	**an ATM** [ən eɪtiː'em]
una oficina de cambio	**a foreign exchange office** [ə 'fɒrən ɪk'stʃeɪndʒ 'ɒfɪs]
un cibercafé	**an internet café** [ən 'ɪntənet 'kæfeɪ]
la calle ...	**... street** [... striːt]
este lugar	**this place** [ðɪs 'pleɪs]
¿Sabe usted dónde está ...?	**Do you know where ... is?** [də ju nəʊ weə ... ɪz?]
¿Cómo se llama esta calle?	**Which street is this?** [wɪtʃ striːt ɪs ðɪs?]
Muestreme dónde estamos ahora.	**Show me where we are right now.** [ʃəʊ miː weə wi ə raɪt naʊ]
¿Puedo llegar a pie?	**Can I get there on foot?** [kən aɪ get ðər ɒn fʊt?]
¿Tiene un mapa de la ciudad?	**Do you have a map of the city?** [də ju hɛv ə mæp əv ðə 'sɪti?]
¿Cuánto cuesta la entrada?	**How much is a ticket to get in?** [haʊ 'mʌtʃ ɪz ə 'tɪkɪt tə get ɪn?]
¿Se pueden hacer fotos aquí?	**Can I take pictures here?** [kən aɪ teɪk 'pɪktʃəz hɪə?]
¿Está abierto?	**Are you open?** [ə ju 'əʊpən?]

¿A qué hora abren?

When do you open?
[wen də ju 'əʊpən?]

¿A qué hora cierran?

When do you close?
[wen də ju kləʊz?]

Dinero

dinero	**money** ['mʌni]
efectivo	**cash** [kæʃ]
billetes	**paper money** ['peɪpə 'mʌni]
monedas	**loose change** [luːs tʃeɪndʒ]
la cuenta | el cambio | la propina	**check | change | tip** [tʃek | tʃeɪndʒ | tɪp]
la tarjeta de crédito	**credit card** ['kredɪt kɑːd]
la cartera	**wallet** ['wɒlɪt]
comprar	**to buy** [tə baɪ]
pagar	**to pay** [tə peɪ]
la multa	**fine** [faɪn]
gratis	**free** [friː]
¿Dónde puedo comprar …?	**Where can I buy …?** [weə kən aɪ baɪ …?]
¿Está el banco abierto ahora?	**Is the bank open now?** [ɪz ðə bæŋk 'əʊpən naʊ?]
¿A qué hora abre?	**When does it open?** [wen dəz ɪt 'əʊpən?]
¿A qué hora cierra?	**When does it close?** [wen dəz ɪt kləʊz?]
¿Cuánto cuesta?	**How much?** [haʊ 'mʌtʃ?]
¿Cuánto cuesta esto?	**How much is this?** [haʊ 'mʌtʃ ɪz ðɪs?]
Es muy caro.	**That's too expensive.** [ðæts tuː ɪk'spensɪv]
Perdone, ¿dónde está la caja?	**Excuse me, where do I pay?** [ɪk'skjuːz miː, weə də aɪ peɪ?]
La cuenta, por favor.	**Check, please.** [tʃek, pliːz]

¿Puedo pagar con tarjeta?

Can I pay by credit card?
[kən aɪ peɪ baɪ 'kredɪt kɑ:d?]

¿Hay un cajero por aquí?

Is there an ATM here?
[ɪz ðər ən eɪti:'em hɪə?]

Busco un cajero automático.

I'm looking for an ATM.
[aɪm 'lʊkɪŋ fər ən eɪti:'em]

Busco una oficina de cambio.

**I'm looking for a foreign
exchange office.**
[aɪm 'lʊkɪŋ fər ə 'fɒrən
ɪk'stʃeɪndʒ 'ɒfɪs]

Quisiera cambiar ...

I'd like to change ...
[aɪd laɪk tə tʃeɪndʒ ...]

¿Cuál es el tipo de cambio?

What is the exchange rate?
[wɒts ði ɪk'stʃeɪndʒ reɪt?]

¿Necesita mi pasaporte?

Do you need my passport?
[də ju ni:d maɪ 'pɑ:spɔ:t?]

Tiempo

¿Qué hora es?	**What time is it?** [wɒt taɪm ɪz ɪt?]
¿Cuándo?	**When?** [wen?]
¿A qué hora?	**At what time?** [ət wɒt taɪm?]
ahora | luego | después de …	**now | later | after …** [naʊ | 'leɪtə | 'ɑːftə …]
la una	**one o'clock** [wʌn ə'klɒk]
la una y cuarto	**one fifteen** [wʌn fɪf'tiːn]
la una y medio	**one thirty** [wʌn 'θɜːti]
las dos menos cuarto	**one forty-five** [wʌn 'fɔːti faɪv]
una | dos | tres	**one | two | three** [wʌn | tuː | θriː]
cuatro | cinco | seis	**four | five | six** [fɔː | faɪv | sɪks]
siete | ocho | nueve	**seven | eight | nine** [sevn | eɪt | naɪn]
diez | once | doce	**ten | eleven | twelve** [ten | ɪ'levn | twelv]
en …	**in …** [ɪn …]
cinco minutos	**five minutes** [faɪv 'mɪnɪts]
diez minutos	**ten minutes** [ten 'mɪnɪts]
quince minutos	**fifteen minutes** [fɪf'tiːn 'mɪnɪts]
veinte minutos	**twenty minutes** ['twenti 'mɪnɪts]
media hora	**half an hour** [hɑːf ən 'aʊə]
una hora	**an hour** [ən 'aʊə]
por la mañana	**in the morning** [ɪn ðə 'mɔːnɪŋ]

por la mañana temprano	**early in the morning** ['ɜːli ɪn ðə 'mɔːnɪŋ]
esta mañana	**this morning** [ðɪs 'mɔːnɪŋ]
mañana por la mañana	**tomorrow morning** [tə'mɒrəʊ 'mɔːnɪŋ]
al mediodía	**at noon** [ət nuːn]
por la tarde	**in the afternoon** [ɪn ði ɑːftə'nuːn]
por la noche	**in the evening** [ɪn ði 'iːvnɪŋ]
esta noche	**tonight** [tə'naɪt]
por la noche	**at night** [ət naɪt]
ayer	**yesterday** ['jestədi]
hoy	**today** [tə'deɪ]
mañana	**tomorrow** [tə'mɒrəʊ]
pasado mañana	**the day after tomorrow** [ðə deɪ 'ɑːftə tə'mɒrəʊ]
¿Qué día es hoy?	**What day is it today?** [wɒt deɪ ɪz ɪt tə'deɪ?]
Es ...	**It's ...** [ɪts ...]
lunes	**Monday** ['mʌndɪ]
martes	**Tuesday** ['tjuːzdi]
miércoles	**Wednesday** ['wenzdɪ]
jueves	**Thursday** ['θɜːzdɪ]
viernes	**Friday** ['fraɪdɪ]
sábado	**Saturday** ['sætədɪ]
domingo	**Sunday** ['sʌndɪ]

Saludos. Presentaciones.

Hola. | **Hello.**
[hə'ləʊ]

Encantado /Encantada/ de conocerle. | **Pleased to meet you.**
[pli:zd tə mi:t ju]

Yo también. | **Me too.**
[mi: tu:]

Le presento a ... | **I'd like you to meet ...**
[aɪd laɪk ju tə mi:t ...]

Encantado. | **Nice to meet you.**
[naɪs tə mi:t ju]

¿Cómo está? | **How are you?**
[haʊ ə ju?]

Me llamo ... | **My name is ...**
[maɪ neɪm ɪz ...]

Se llama ... | **His name is ...**
[hɪz neɪm ɪz ...]

Se llama ... | **Her name is ...**
[hə neɪm ɪz ...]

¿Cómo se llama (usted)? | **What's your name?**
[wɒts jɔ: neɪm?]

¿Cómo se llama (él)? | **What's his name?**
[wɒts ɪz neɪm?]

¿Cómo se llama (ella)? | **What's her name?**
[wɒts hə neɪm?]

¿Cuál es su apellido? | **What's your last name?**
[wɒts jɔ: lɑ:st neɪm?]

Puede llamarme ... | **You can call me ...**
[ju kən kɔ:l mi: ...]

¿De dónde es usted? | **Where are you from?**
[weər ə ju frɒm?]

Yo soy de .... | **I'm from ...**
[aɪm frəm ...]

¿A qué se dedica? | **What do you do for a living?**
[wɒt də ju də fər ə 'lɪvɪŋ?]

¿Quién es? | **Who is this?**
[hu: ɪz ðɪs?]

¿Quién es él? | **Who is he?**
[hu: ɪz hi?]

¿Quién es ella? | **Who is she?**
[hu: ɪz ʃi?]

¿Quiénes son? | **Who are they?**
[hu: ə ðeɪ?]

Este es …   **This is …**
                                [ðɪs ɪz …]

mi amigo   **my friend**
                                [maɪ frend]

mi amiga   **my friend**
                                [maɪ frend]

mi marido   **my husband**
                                [maɪ 'hʌzbənd]

mi mujer   **my wife**
                                [maɪ waɪf]

mi padre   **my father**
                                [maɪ 'fɑːðə]

mi madre   **my mother**
                                [maɪ 'mʌðə]

mi hermano   **my brother**
                                [maɪ 'brʌðə]

mi hermana   **my sister**
                                [maɪ 'sɪstə]

mi hijo   **my son**
                                [maɪ sʌn]

mi hija   **my daughter**
                                [maɪ 'dɔːtə]

Este es nuestro hijo.   **This is our son.**
                                [ðɪs ɪz 'aʊə sʌn]

Esta es nuestra hija.   **This is our daughter.**
                                [ðɪs ɪz 'aʊə 'dɔːtə]

Estos son mis hijos.   **These are my children.**
                                [ðiːz ə maɪ 'tʃɪldrən]

Estos son nuestros hijos.   **These are our children.**
                                [ðiːz ə 'aʊə 'tʃɪldrən]

Despedidas

¡Adiós!	**Good bye!** [gʊd baɪ!]
¡Chau!	**Bye!** [baɪ!]
Hasta mañana.	**See you tomorrow.** [si: ju təˈmɒrəʊ]
Hasta pronto.	**See you soon.** [si: ju suːn]
Te veo a las siete.	**See you at seven.** [si: ju ət sevn]

¡Que se diviertan!	**Have fun!** [hɛv fʌn!]
Hablamos más tarde.	**Talk to you later.** [tɔːk tə ju ˈleɪtə]
Que tengas un buen fin de semana.	**Have a nice weekend.** [hɛv ə naɪs wiːkˈend]
Buenas noches.	**Good night.** [gʊd naɪt]

Es hora de irme.	**It's time for me to go.** [ɪts taɪm fə miː tə gəʊ]
Tengo que irme.	**I have to go.** [aɪ hɛv tə gəʊ]
Ahora vuelvo.	**I will be right back.** [aɪ wɪl bi raɪt bæk]

Es tarde.	**It's late.** [ɪts leɪt]
Tengo que levantarme temprano.	**I have to get up early.** [aɪ hɛv tə get ʌp ˈɜːli]
Me voy mañana.	**I'm leaving tomorrow.** [aɪm ˈliːvɪŋ təˈmɒrəʊ]
Nos vamos mañana.	**We're leaving tomorrow.** [wɪə ˈliːvɪŋ təˈmɒrəʊ]

¡Que tenga un buen viaje!	**Have a nice trip!** [hɛv ə naɪs trɪp!]
Ha sido un placer.	**It was nice meeting you.** [ɪt wəz naɪs ˈmiːtɪŋ ju]
Fue un placer hablar con usted.	**It was nice talking to you.** [ɪt wəz naɪs ˈtɔːkɪŋ tə ju]
Gracias por todo.	**Thanks for everything.** [θæŋks fər ˈevrɪθɪŋ]

Lo he pasado muy bien.

I had a very good time.
[aɪ həd ə 'veri gʊd taɪm]

Lo pasamos muy bien.

We had a very good time.
[wi həd ə 'veri gʊd taɪm]

Fue genial.

It was really great.
[ɪt wəz 'rɪəli greɪt]

Le voy a echar de menos.

I'm going to miss you.
[aɪm 'gəʊɪŋ tə mɪs ju]

Le vamos a echar de menos.

We're going to miss you.
[wɪə 'gəʊɪŋ tə mɪs ju]

¡Suerte!

Good luck!
[gʊd lʌk!]

Saludos a …

Say hi to …
[seɪ haɪ tə …]

Idioma extranjero

No entiendo.

I don't understand.
[aɪ dəʊnt ʌndə'stænd]

Escríbalo, por favor.

Write it down, please.
[raɪt ɪt daʊn, pliːz]

¿Habla usted ...?

Do you speak ...?
[də ju spiːk ...?]

Hablo un poco de ...

I speak a little bit of ...
[aɪ spiːk ə lɪtl bɪt əv ...]

inglés

English
['ɪŋglɪʃ]

turco

Turkish
['tɜːkɪʃ]

árabe

Arabic
['ærəbɪk]

francés

French
[frentʃ]

alemán

German
['dʒɜːmən]

italiano

Italian
[ɪ'tæljən]

español

Spanish
['spænɪʃ]

portugués

Portuguese
[pɔːtʃʊ'giːz]

chino

Chinese
[tʃaɪ'niːz]

japonés

Japanese
[dʒæpə'niːz]

¿Puede repetirlo, por favor?

Can you repeat that, please.
[kən ju rɪ'piːt ðæt, pliːz]

Lo entiendo.

I understand.
[aɪ ʌndə'stænd]

No entiendo.

I don't understand.
[aɪ dəʊnt ʌndə'stænd]

Hable más despacio, por favor.

Please speak more slowly.
[pliːz spiːk mɔː 'sləʊli]

¿Está bien?

Is that correct?
[ɪz ðət kə'rekt?]

¿Qué es esto? (¿Que significa esto?)

What is this?
[wɒts ðɪs?]

Disculpas

Perdone, por favor.	**Excuse me, please.** [ɪk'skjuːz miː, pliːz]
Lo siento.	**I'm sorry.** [aɪm 'sɒri]
Lo siento mucho.	**I'm really sorry.** [aɪm 'rɪəli 'sɒri]
Perdón, fue culpa mía.	**Sorry, it's my fault.** ['sɒri, ɪts maɪ fɔːt]
Culpa mía.	**My mistake.** [maɪ mɪ'steɪk]

¿Puedo ...?	**May I ...?** [meɪ aɪ ...?]
¿Le molesta si ...?	**Do you mind if I ...?** [də ju maɪnd ɪf aɪ ...?]
¡No hay problema! (No pasa nada.)	**It's OK.** [ɪts əʊ'keɪ]
Todo está bien.	**It's all right.** [ɪts ɔːl raɪt]
No se preocupe.	**Don't worry about it.** [dəʊnt 'wʌri ə'baʊt ɪt]

Acuerdos

Sí.
Yes.
[jes]

Sí, claro.
Yes, sure.
[jes, ʃʊə]

Bien.
OK (Good!)
[əʊˈkeɪ (gʊd!)]

Muy bien.
Very well.
[ˈveri wel]

¡Claro que sí!
Certainly!
[ˈsɜːtnli!]

Estoy de acuerdo.
I agree.
[aɪ əˈgriː]

Es verdad.
That's correct.
[ðæts kəˈrekt]

Es correcto.
That's right.
[ðæts raɪt]

Tiene razón.
You're right.
[jʊə raɪt]

No me molesta.
I don't mind.
[aɪ dəʊnt maɪnd]

Es completamente cierto.
Absolutely right.
[ˈæbsəluːtli raɪt]

Es posible.
It's possible.
[ɪts ˈpɒsəbl]

Es una buena idea.
That's a good idea.
[ðæts ə gʊd aɪˈdɪə]

No puedo decir que no.
I can't say no.
[aɪ kɑːnt ˈseɪ nəʊ]

Estaré encantado /encantada/.
I'd be happy to.
[aɪd bi ˈhæpi tuː]

Será un placer.
With pleasure.
[wɪð ˈpleʒə]

Rechazo. Expresar duda

No.	**No.** [nəʊ]
Claro que no.	**Certainly not.** ['sɜːtnli nɒt]
No estoy de acuerdo.	**I don't agree.** [aɪ dəʊnt ə'griː]
No lo creo.	**I don't think so.** [aɪ dəʊnt 'θɪŋk 'səʊ]
No es verdad.	**It's not true.** [ɪts nɒt truː]
No tiene razón.	**You are wrong.** [ju ə rɒŋ]
Creo que no tiene razón.	**I think you are wrong.** [aɪ θɪŋk ju ə rɒŋ]
No estoy seguro /segura/.	**I'm not sure.** [aɪm nɒt ʃʊə]
No es posible.	**It's impossible.** [ɪts ɪm'pɒsəbl]
¡Nada de eso!	**No way!** [nəʊ 'weɪ!]
Justo lo contrario.	**The exact opposite.** [ði ɪg'zækt 'ɒpəzɪt]
Estoy en contra de ello.	**I'm against it.** [aɪm ə'genst ɪt]
No me importa. (Me da igual.)	**I don't care.** [aɪ dəʊnt 'keə]
No tengo ni idea.	**I have no idea.** [aɪ hɛv nəʊ aɪ'dɪə]
Dudo que sea así.	**I doubt that.** [aɪ daʊt ðɛt]
Lo siento, no puedo.	**Sorry, I can't.** ['sɒri, aɪ kɑːnt]
Lo siento, no quiero.	**Sorry, I don't want to.** ['sɒri, aɪ dəʊnt wɒnt tuː]
Gracias, pero no lo necesito.	**Thank you, but I don't need this.** [θæŋk ju, bət aɪ dəʊnt niːd ðɪs]
Ya es tarde.	**It's late.** [ɪts leɪt]

Tengo que levantarme temprano.

I have to get up early.
[aɪ hɛv tə get 'ʌp 'ɜːli]

Me encuentro mal.

I don't feel well.
[aɪ dəʊnt fiːl wel]

Expresar gratitud

Gracias.	**Thank you.** [θæŋk ju]
Muchas gracias.	**Thank you very much.** [θæŋk ju 'veri 'mʌtʃ]
De verdad lo aprecio.	**I really appreciate it.** [aɪ 'rɪəli ə'priːʃieɪt ɪt]
Se lo agradezco.	**I'm really grateful to you.** [aɪm 'rɪəli 'greɪtfəl tə ju]
Se lo agradecemos.	**We are really grateful to you.** [wi ə 'rɪəli 'greɪtfəl tə ju]
Gracias por su tiempo.	**Thank you for your time.** [θæŋk ju fə jɔː taɪm]
Gracias por todo.	**Thanks for everything.** [θæŋks fər 'evrɪθɪŋ]
Gracias por ...	**Thank you for ...** [θæŋk ju fə ...]
su ayuda	**your help** [jɔː help]
tan agradable momento	**a nice time** [ə naɪs taɪm]
una comida estupenda	**a wonderful meal** [ə 'wʌndəfəl miːl]
una velada tan agradable	**a pleasant evening** [ə pleznt 'iːvnɪŋ]
un día maravilloso	**a wonderful day** [ə 'wʌndəfəl deɪ]
un viaje increíble	**an amazing journey** [ən ə'meɪzɪŋ 'dʒɜːni]
No hay de qué.	**Don't mention it.** [dəʊnt menʃn ɪt]
De nada.	**You are welcome.** [ju ə 'welkəm]
Siempre a su disposición.	**Any time.** ['eni taɪm]
Encantado /Encantada/ de ayudarle.	**My pleasure.** [maɪ 'pleʒə]
No hay de qué.	**Forget it. It's alright.** [fə'get ɪt. its əlraɪt]
No tiene importancia.	**Don't worry about it.** [dəʊnt 'wʌri ə'baʊt ɪt]

Felicitaciones , Mejores Deseos

¡Felicidades! **Congratulations!**
[kəngrætʊ'leɪʃnz!]

¡Feliz Cumpleaños! **Happy birthday!**
['hæpi 'bɜːθdeɪ!]

¡Feliz Navidad! **Merry Christmas!**
['meri 'krɪsməs!]

¡Feliz Año Nuevo! **Happy New Year!**
['hæpi njuː 'jiə!]

¡Felices Pascuas! **Happy Easter!**
['hæpi 'iːstə!]

¡Feliz Hanukkah! **Happy Hanukkah!**
['hæpi 'hɑːnəkə!]

Quiero brindar. **I'd like to propose a toast.**
[aɪd laɪk tə prə'pəʊz ə təʊst]

¡Salud! **Cheers!**
[tʃɪəz!]

¡Brindemos por ...! **Let's drink to ...!**
[lets drɪŋk tə ...!]

¡A nuestro éxito! **To our success!**
[tu 'aʊə sək'ses!]

¡A su éxito! **To your success!**
[tə jɔː sək'ses!]

¡Suerte! **Good luck!**
[gʊd lʌk!]

¡Que tenga un buen día! **Have a nice day!**
[hɛv ə naɪs deɪ!]

¡Que tenga unas buenas vacaciones! **Have a good holiday!**
[hɛv ə gʊd 'hɒlədeɪ!]

¡Que tenga un buen viaje! **Have a safe journey!**
[hɛv ə seɪf 'dʒɜːni!]

¡Espero que se recupere pronto! **I hope you get better soon!**
[aɪ həʊp ju get 'betə suːn!]

Socializarse

¿Por qué está triste?	**Why are you sad?** [waɪ ə ju sæd?]
¡Sonría! ¡Animese!	**Smile!** [smaɪl!]
¿Está libre esta noche?	**Are you free tonight?** [ə ju friː təˈnaɪt?]
¿Puedo ofrecerle algo de beber?	**May I offer you a drink?** [meɪ aɪ ˈɒfə ju ə drɪŋk?]
¿Querría bailar conmigo?	**Would you like to dance?** [wʊd ju laɪk tə dɑːns?]
Vamos a ir al cine.	**Let's go to the movies.** [lets gəʊ tə ðə ˈmuːvɪz]
¿Puedo invitarle a …?	**May I invite you to …?** [meɪ aɪ ɪnˈvaɪt ju tə …?]
un restaurante	**a restaurant** [ə ˈrestrɒnt]
el cine	**the movies** [ðə ˈmuːvɪz]
el teatro	**the theater** [ðə ˈθiːətə]
dar una vuelta	**go for a walk** [gəʊ fər ə wɔːk]
¿A qué hora?	**At what time?** [ət wɒt taɪm?]
esta noche	**tonight** [təˈnaɪt]
a las seis	**at six** [ət sɪks]
a las siete	**at seven** [ət sevn]
a las ocho	**at eight** [ət eɪt]
a las nueve	**at nine** [ət naɪn]
¿Le gusta este lugar?	**Do you like it here?** [də ju laɪk ɪt hɪə?]
¿Está aquí con alguien?	**Are you here with someone?** [ə ju hɪə wɪð ˈsʌmwʌn?]
Estoy con mi amigo /amiga/.	**I'm with my friend.** [aɪm wɪð maɪ ˈfrend]

Estoy con amigos.

I'm with my friends.
[aɪm wɪð maɪ frendz]

No, estoy solo /sola/.

No, I'm alone.
[nəʊ, aɪm ə'ləʊn]

¿Tienes novio?

Do you have a boyfriend?
[də ju hɛv ə 'bɔɪfrend?]

Tengo novio.

I have a boyfriend.
[aɪ hɛv ə 'bɔɪfrend]

¿Tienes novia?

Do you have a girlfriend?
[də ju hɛv ə 'gɜːlfrend?]

Tengo novia.

I have a girlfriend.
[aɪ hɛv ə 'gɜːlfrend]

¿Te puedo volver a ver?

Can I see you again?
[kən aɪ siː ju ə'gen?]

¿Te puedo llamar?

Can I call you?
[kən aɪ kɔːl ju?]

Llámame.

Call me.
[kɔːl miː]

¿Cuál es tu número?

What's your number?
[wɒts jɔː 'nʌmbə?]

Te echo de menos.

I miss you.
[aɪ mɪs ju]

¡Qué nombre tan bonito!

You have a beautiful name.
[ju hɛv ə 'bjuːtəfl neɪm]

Te quiero.

I love you.
[aɪ lʌv ju]

¿Te casarías conmigo?

Will you marry me?
[wɪl ju 'mæri miː?]

¡Está de broma!

You're kidding!
[jə 'kɪdɪŋ!]

Sólo estoy bromeando.

I'm just kidding.
[aɪm dʒəst 'kɪdɪŋ]

¿En serio?

Are you serious?
[ə ju 'sɪərɪəs?]

Lo digo en serio.

I'm serious.
[aɪm 'sɪərɪəs]

¿De verdad?

Really?!
['rɪəli?!]

¡Es increíble!

It's unbelievable!
[ɪts ʌnbɪ'liːvəbl!]

No le creo.

I don't believe you.
[aɪ dəʊnt bɪ'liːv ju]

No puedo.

I can't.
[aɪ kɑːnt]

No lo sé.

I don't know.
[aɪ dəʊnt nəʊ]

No le entiendo.

I don't understand you.
[aɪ dəʊnt ʌndə'stænd ju]

Váyase, por favor.

Please go away.
[pliːz gəʊ ə'weɪ]

¡Déjeme en paz!

Leave me alone!
[liːv miː ə'ləʊn!]

Es inaguantable.

I can't stand him.
[aɪ kɑːnt stænd hɪm]

¡Es un asqueroso!

You are disgusting!
[ju ə dɪs'gʌstɪŋ!]

¡Llamaré a la policía!

I'll call the police!
[aɪl kɔːl ðə pə'liːs!]

Compartir impresiones. Emociones

Me gusta.

I like it.
[aɪ laɪk ɪt]

Muy lindo.

Very nice.
['veri naɪs]

¡Es genial!

That's great!
[ðæts 'greɪt!]

No está mal.

It's not bad.
[ɪts nɒt bæd]

No me gusta.

I don't like it.
[aɪ dəʊnt laɪk ɪt]

No está bien.

It's not good.
[ɪts nɒt gʊd]

Está mal.

It's bad.
[ɪts bæd]

Está muy mal.

It's very bad.
[ɪts 'veri bæd]

¡Qué asco!

It's disgusting.
[ɪts dɪs'gʌstɪŋ]

Estoy feliz.

I'm happy.
[aɪm 'hæpi]

Estoy contento /contenta/.

I'm content.
[aɪm kən'tent]

Estoy enamorado /enamorada/.

I'm in love.
[aɪm ɪn lʌv]

Estoy tranquilo.

I'm calm.
[aɪm kɑːm]

Estoy aburrido.

I'm bored.
[aɪm bɔːd]

Estoy cansado /cansada/.

I'm tired.
[aɪm 'taɪəd]

Estoy triste.

I'm sad.
[aɪm sæd]

Estoy asustado.

I'm frightened.
[aɪm 'fraɪtnd]

Estoy enfadado /enfadada/.

I'm angry.
[aɪm 'æŋgri]

Estoy preocupado /preocupada/.

I'm worried.
[aɪm 'wʌrɪd]

Estoy nervioso /nerviosa/.

I'm nervous.
[aɪm 'nɜːvəs]

Estoy celoso /celosa/.

I'm jealous.
[aɪm 'dʒeləs]

Estoy sorprendido /sorprendida/.

I'm surprised.
[aɪm sə'praɪzd]

Estoy perplejo /perpleja/.

I'm perplexed.
[aɪm pə'plekst]

Problemas, Accidentes

Tengo un problema.

I've got a problem.
[aɪv gɒt ə 'prɒbləm]

Tenemos un problema.

We've got a problem.
[wiv gɒt ə 'prɒbləm]

Estoy perdido /perdida/.

I'm lost.
[aɪm lɒst]

Perdi el último autobús (tren).

I missed the last bus (train).
[aɪ mɪst ðə lɑːst bʌs (treɪn)]

No me queda más dinero.

I don't have any money left.
[aɪ dəʊnt hɛv 'eni 'mʌni left]

He perdido …

I've lost my …
[aɪv lɒst maɪ …]

Me han robado …

Someone stole my …
['sʌmwʌn stəʊl maɪ …]

mi pasaporte

passport
['pɑːspɔːt]

mi cartera

wallet
['wɒlɪt]

mis papeles

papers
['peɪpəz]

mi billete

ticket
['tɪkɪt]

mi dinero

money
['mʌni]

mi bolso

handbag
['hændbæg]

mi cámara

camera
['kæmərə]

mi portátil

laptop
['læptɒp]

mi tableta

tablet computer
['tæblɪt kəm'pjuːtə]

mi teléfono

mobile phone
['məʊbaɪl fəʊn]

¡Ayúdeme!

Help me!
[help miː!]

¿Qué pasó?

What's happened?
[wɒts 'hæpənd?]

el incendio

fire
['faɪə]

un tiroteo
shooting
['ʃuːtɪŋ]

el asesinato
murder
[a 'mɜːdə]

una explosión
explosion
[ɪk'spləʊʒn]

una pelea
fight
[a faɪt]

¡Llame a la policía!
Call the police!
[kɔːl ðə pə'liːs!]

¡Más rápido, por favor!
Please hurry up!
[pliːz 'hʌri ʌp!]

Busco la comisaría.
I'm looking for the police station.
[aɪm 'lʊkɪŋ fər ðə pə'liːs steɪʃn]

Tengo que hacer una llamada.
I need to make a call.
[aɪ niːd tə meɪk ə kɔːl]

¿Puedo usar su teléfono?
May I use your phone?
[meɪ aɪ juːz jɔː fəʊn?]

Me han ...
I've been ...
[aɪv biːn ...]

asaltado /asaltada/
mugged
[mʌgd]

robado /robada/
robbed
[rɒbd]

violada
raped
[reɪpt]

atacado /atacada/
attacked
[ə'tækt]

¿Se encuentra bien?
Are you all right?
[ə ju ɔːl raɪt?]

¿Ha visto quien a sido?
Did you see who it was?
[dɪd ju siː huː ɪt wɒz?]

¿Sería capaz de reconocer a la persona?
Would you be able to recognize the person?
[wʊd ju bi eɪbl tə 'rekəgnaɪz ðə 'pɜːsn?]

¿Está usted seguro?
Are you sure?
[ə ju ʃʊə?]

Por favor, cálmese.
Please calm down.
[pliːz kɑːm daʊn]

¡Cálmese!
Take it easy!
[teɪk ɪt 'iːzi!]

¡No se preocupe!
Don't worry!
[dəʊnt 'wʌri!]

Todo irá bien.
Everything will be fine.
['evrɪθɪŋ wɪl bi faɪn]

Todo está bien.
Everything's all right.
['evrɪθɪŋz ɔːl raɪt]

Venga aquí, por favor.

Come here, please.
[kʌm hɪə, pliːz]

Tengo unas preguntas para usted.

I have some questions for you.
[aɪ hɛv səm 'kwestʃənz fə ju]

Espere un momento, por favor.

Wait a moment, please.
[weɪt ə 'məʊmənt, pliːz]

¿Tiene un documento de identidad?

Do you have any I.D.?
[də ju hɛv 'eni aɪ diː.?]

Gracias. Puede irse ahora.

Thanks. You can leave now.
[θæŋks. ju kən liːv naʊ]

¡Manos detrás de la cabeza!

Hands behind your head!
[hændz bɪ'haɪnd jɔ: hed!]

¡Está arrestado!

You're under arrest!
[jər 'ʌndər ə'rest!]

Problemas de salud

Ayudeme, por favor.	**Please help me.** [pliːz help miː]
No me encuentro bien.	**I don't feel well.** [aɪ dəʊnt fiːl wel]
Mi marido no se encuentra bien.	**My husband doesn't feel well.** [maɪ 'hʌzbənd 'dʌznt fiːl wel]
Mi hijo …	**My son …** [maɪ sʌn …]
Mi padre …	**My father …** [maɪ 'fɑːðə …]
Mi mujer no se encuentra bien.	**My wife doesn't feel well.** [maɪ waɪf 'dʌznt fiːl wel]
Mi hija …	**My daughter …** [maɪ 'dɔːtə …]
Mi madre …	**My mother …** [maɪ 'mʌðə …]
Me duele …	**I've got a …** [aɪv gɒt ə …]
la cabeza	**headache** ['hedeɪk]
la garganta	**sore throat** [sɔː θrəʊt]
el estómago	**stomach ache** ['stʌmək eɪk]
un diente	**toothache** ['tuːθeɪk]
Estoy mareado.	**I feel dizzy.** [aɪ fiːl 'dɪzi]
Él tiene fiebre.	**He has a fever.** [hi həz ə 'fiːvə]
Ella tiene fiebre.	**She has a fever.** [ʃi həz ə 'fiːvə]
No puedo respirar.	**I can't breathe.** [aɪ kɑːnt briːð]
Me ahogo.	**I'm short of breath.** [aɪm ʃɔːt əv breθ]
Tengo asma.	**I am asthmatic.** [aɪ əm æs'mætɪk]
Tengo diabetes.	**I am diabetic.** [aɪ əm daɪə'betɪk]

No puedo dormir.

I can't sleep.
[aɪ kɑːnt sliːp]

intoxicación alimentaria

food poisoning
[fuːd 'pɔɪznɪŋ]

Me duele aquí.

It hurts here.
[ɪt hɜːts hɪə]

¡Ayúdeme!

Help me!
[help miː!]

¡Estoy aquí!

I am here!
[aɪ əm hɪə!]

¡Estamos aquí!

We are here!
[wi ə hɪə!]

¡Saquenme de aquí!

Get me out of here!
[get miː aʊt əv hɪə!]

Necesito un médico.

I need a doctor.
[aɪ niːd ə 'dɒktə]

No me puedo mover.

I can't move.
[aɪ kɑːnt muːv!]

No puedo mover mis piernas.

I can't move my legs.
[aɪ kɑːnt muːv maɪ legz]

Tengo una herida.

I have a wound.
[aɪ hɛv ə wuːnd]

¿Es grave?

Is it serious?
[ɪz ɪt 'sɪərɪəs?]

Mis documentos están en mi bolsillo.

My documents are in my pocket.
[maɪ 'dɒkjuments ər ɪn maɪ 'pɒkɪt]

¡Cálmese!

Calm down!
[kɑːm daʊn!]

¿Puedo usar su teléfono?

May I use your phone?
[meɪ aɪ juːz jɔː fəʊn?]

¡Llame a una ambulancia!

Call an ambulance!
[kɔːl ən 'æmbjələns!]

¡Es urgente!

It's urgent!
[ɪts 'ɜːdʒənt!]

¡Es una emergencia!

It's an emergency!
[ɪts ən ɪ'mɜːdʒənsi!]

¡Más rápido, por favor!

Please hurry up!
[pliːz 'hʌri 'ʌp!]

¿Puede llamar a un médico, por favor?

Would you please call a doctor?
[wʊd ju pliːz kɔːl ə 'dɒktə?]

¿Dónde está el hospital?

Where is the hospital?
[weə ɪz ðə 'hɒspɪtl?]

¿Cómo se siente?

How are you feeling?
[haʊ ə ju 'fiːlɪŋ?]

¿Se encuentra bien?

Are you all right?
[ə ju ɔːl raɪt?]

¿Qué pasó?

What's happened?
[wɒts 'hæpənd?]

Me encuentro mejor.

I feel better now.
[aɪ fiːl 'betə naʊ]

Está bien.

It's OK.
[ɪts əʊ'keɪ]

Todo está bien.

It's all right.
[ɪts ɔːl raɪt]

En la farmacia

la farmacia	**Pharmacy (drugstore)** ['fɑːməsi ('drʌgstɔː)]
la farmacia 24 horas	**24-hour pharmacy** ['twenti fɔːr 'aʊə 'fɑːməsi]
¿Dónde está la farmacia más cercana?	**Where is the closest pharmacy?** [weə ɪz ðə 'kləʊsɪst 'fɑːməsi?]

¿Está abierta ahora?	**Is it open now?** [ɪz ɪt 'əʊpən naʊ?]
¿A qué hora abre?	**At what time does it open?** [ət wɒt taɪm dəz ɪt 'əʊpən?]
¿A qué hora cierra?	**At what time does it close?** [ət wɒt taɪm dəz ɪt kləʊz?]

¿Está lejos?	**Is it far?** [ɪz ɪt fɑː?]
¿Puedo llegar a pie?	**Can I get there on foot?** [kən aɪ get ðər ɒn fʊt?]
¿Puede mostrarme en el mapa?	**Can you show me on the map?** [kən ju ʃəʊ miː ɒn ðə mæp?]

Por favor, deme algo para …	**Please give me something for …** [pliːz gɪv miː 'sʌmθɪŋ fə …]
un dolor de cabeza	**a headache** [ə 'hedeɪk]
la tos	**a cough** [ə kɒf]
el resfriado	**a cold** [ə kəʊld]
la gripe	**the flu** [ðə fluː]

la fiebre	**a fever** [ə 'fiːvə]
un dolor de estomago	**a stomach ache** [ə 'stʌmək eɪk]
nauseas	**nausea** ['nɔːsɪə]
la diarrea	**diarrhea** [daɪə'rɪə]
el estreñimiento	**constipation** [kɒnstɪ'peɪʃn]
un dolor de espalda	**pain in the back** [peɪn ɪn ðə 'bæk]

un dolor de pecho	**chest pain** [tʃest peɪn]
el flato	**side stitch** [saɪd stɪtʃ]
un dolor abdominal	**abdominal pain** [æb'dɒmɪnəl peɪn]

la píldora	**pill** [pɪl]
la crema	**ointment, cream** ['ɔɪntmənt, kri:m]
el jarabe	**syrup** ['sɪrəp]
el spray	**spray** [sprɛj]
las gotas	**drops** [drɒps]

Tiene que ir al hospital.	**You need to go to the hospital.** [ju ni:d tə gəʊ tə ðə 'hɒspɪtl]
el seguro de salud	**health insurance** [helθ ɪn'ʃʊərəns]
la receta	**prescription** [prɪ'skrɪpʃn]
el repelente de insectos	**insect repellant** ['ɪnsekt rɪ'pelənt]
la curita	**sticking plaster** ['stikiŋ 'plastə]

Lo más imprescindible

Perdone, …	**Excuse me, …** [ɪk'skjuːz miː, …]
Hola.	**Hello.** [həˈləʊ]
Gracias.	**Thank you.** [θæŋk ju]

Sí.	**Yes.** [jes]
No.	**No.** [nəʊ]
No lo sé.	**I don't know.** [aɪ dəʊnt nəʊ]
¿Dónde? | ¿A dónde? | ¿Cuándo?	**Where? | Where to? | When?** [weə? | weə tuː? | wen?]

Necesito …	**I need …** [aɪ niːd …]
Quiero …	**I want …** [aɪ wɒnt …]
¿Tiene …?	**Do you have …?** [də ju hɛv …?]
¿Hay … por aquí?	**Is there a … here?** [ɪz ðər ə … hɪə?]
¿Puedo …?	**May I …?** [meɪ aɪ …?]
…, por favor? (petición educada)	**…, please** […, pliːz]

Busco …	**I'm looking for …** [aɪm ˈlʊkɪŋ fə …]
el servicio	**restroom** [ˈrestruːm]
un cajero automático	**ATM** [eɪtiːˈem]
una farmacia	**pharmacy, drugstore** [ˈfɑːməsi, ˈdrʌgstɔː]
el hospital	**hospital** [ˈhɒspɪtl]

la comisaría	**police station** [pəˈliːs ˈsteɪʃn]
el metro	**subway** [ˈsʌbweɪ]

un taxi	**taxi** ['tæksi]
la estación de tren	**train station** [treɪn 'steɪʃn]

Me llamo …	**My name is …** [maɪ 'neɪm ɪz …]
¿Cómo se llama?	**What's your name?** [wɒts jɔ: 'neɪm?]
¿Puede ayudarme, por favor?	**Could you please help me?** [kəd ju pli:z help mi:?]
Tengo un problema.	**I've got a problem.** [av gɒt ə 'prɒbləm]
Me encuentro mal.	**I don't feel well.** [aɪ dəʊnt fi:l wel]
¡Llame a una ambulancia!	**Call an ambulance!** [kɔ:l ən 'æmbjələns!]
¿Puedo llamar, por favor?	**May I make a call?** [meɪ aɪ 'meɪk ə kɔ:l?]

Lo siento.	**I'm sorry.** [aɪm 'sɒri]
De nada.	**You're welcome.** [juə 'welkəm]

Yo	**I, me** [aɪ, mi]
tú	**you** [ju]
él	**he** [hi]
ella	**she** [ʃi]
ellos	**they** [ðeɪ]
ellas	**they** [ðeɪ]
nosotros /nosotras/	**we** [wi]
ustedes, vosotros	**you** [ju]
usted	**you** [ju]

ENTRADA	**ENTRANCE** ['entrɑ:ns]
SALIDA	**EXIT** ['eksɪt]
FUERA DE SERVICIO	**OUT OF ORDER** [aut əv 'ɔ:də]
CERRADO	**CLOSED** [kləʊzd]

ABIERTO

OPEN
['əʊpən]

PARA SEÑORAS

FOR WOMEN
[fə 'wɪmɪn]

PARA CABALLEROS

FOR MEN
[fə men]

DICCIONARIO CONCISO

Esta sección contiene más
de 1.500 palabras útiles.
El diccionario incluye muchos
términos gastronómicos
y será de gran ayuda para
pedir alimentos en un
restaurante o comprando
comestibles en la tienda

T&P Books Publishing

CONTENIDO
DEL DICCIONARIO

tiempo (m)	**time**	[taɪm]
hora (f)	**hour**	['aʊə]
media hora (f)	**half an hour**	[hæf ən 'aʊə]
minuto (m)	**minute**	['mɪnɪt]
segundo (m)	**second**	['sɛkənd]
hoy (adv)	**today**	[tə'deɪ]
mañana (adv)	**tomorrow**	[tə'mɒ:roʊ]
ayer (adv)	**yesterday**	['jɛstədeɪ]
lunes (m)	**Monday**	['mʌndɪ], ['mʌndeɪ]
martes (m)	**Tuesday**	['tu:zdɪ], ['tu:zdeɪ]
miércoles (m)	**Wednesday**	['wenzdɪ], ['wenzdeɪ]
jueves (m)	**Thursday**	['θɜ:zdɪ], ['θɜ:zdeɪ]
viernes (m)	**Friday**	['fraɪdɪ], ['fraɪdeɪ]
sábado (m)	**Saturday**	['sætədɪ], ['sætədeɪ]
domingo (m)	**Sunday**	['sʌndɪ], ['sʌndeɪ]
día (m)	**day**	[deɪ]
día (m) de trabajo	**working day**	['wɜːkɪŋ deɪ]
día (m) de fiesta	**public holiday**	['pʌblɪk 'hɒːlɪdeɪ]
fin (m) de semana	**weekend**	['wiːkɛnd]
semana (f)	**week**	[wiːk]
semana (f) pasada	**last week**	[læst wiːk]
semana (f) que viene	**next week**	[nɛkst wiːk]
salida (f) del sol	**sunrise**	['sʌnraɪz]
puesta (f) del sol	**sunset**	['sʌnsɛt]
por la mañana	**in the morning**	[ɪn ðə 'mɔːnɪŋ]
por la tarde	**in the afternoon**	[ɪn ðɪ æftə'nuːn]
por la noche	**in the evening**	[ɪn ðɪ 'iːvnɪŋ]
esta noche (p.ej. 8:00 p.m.)	**tonight**	[tə'naɪt]
por la noche	**at night**	[ət naɪt]
medianoche (f)	**midnight**	['mɪdnaɪt]
enero (m)	**January**	['dʒænjʊərɪ]
febrero (m)	**February**	['fɛbrʊərɪ]
marzo (m)	**March**	[mɑːʧ]
abril (m)	**April**	['eɪprəl]
mayo (m)	**May**	[meɪ]
junio (m)	**June**	[dʒuːn]
julio (m)	**July**	[dʒuː'laɪ]

agosto (m)	August	['ɔ:gəst]
septiembre (m)	September	[sɛp'tɛmbə]
octubre (m)	October	[ɑ:k'toʊbə]
noviembre (m)	November	[noʊ'vɛmbə]
diciembre (m)	December	[dɪ'sɛmbə]

en primavera	in (the) spring	[ɪn (ðə) sprɪŋ]
en verano	in (the) summer	[ɪn (ðə) 'sʌmə]
en otoño	in (the) fall	[ɪn (ðə) fɔ:l]
en invierno	in (the) winter	[ɪn (ðə) 'wɪntə]

mes (m)	month	[mʌnθ]
estación (f)	season	['si:zən]
año (m)	year	[jɪə]
siglo (m)	century	['sentʃərɪ]

2. Números. Los numerales

cifra (f)	figure	['fɪgjə]
número (m) (~ cardinal)	number	['nʌmbə]
menos (m)	minus sign	['maɪnəs saɪn]
más (m)	plus sign	[plʌs saɪn]
suma (f)	sum, total	[sʌm], ['toʊtəl]

primero (adj)	first	[fɜ:st]
segundo (adj)	second	['sɛkənd]
tercero (adj)	third	[θɜ:d]

cero	zero	['zɪroʊ]
uno	one	[wʌn]
dos	two	[tu:]
tres	three	[θri:]
cuatro	four	[fɔ:]

cinco	five	[faɪv]
seis	six	[sɪks]
siete	seven	['sɛvən]
ocho	eight	[eɪt]
nueve	nine	[naɪn]
diez	ten	[tɛn]

once	eleven	[ɪ'lɛvən]
doce	twelve	[twɛlv]
trece	thirteen	[θɜ:'ti:n]
catorce	fourteen	[fɔ:'ti:n]
quince	fifteen	[fɪf'ti:n]

dieciséis	sixteen	[sɪks'ti:n]
diecisiete	seventeen	[sɛvən'ti:n]
dieciocho	eighteen	[eɪ'ti:n]

diecinueve	**nineteen**	[naɪn'tiːn]
veinte	**twenty**	['twɛntɪ]
treinta	**thirty**	['θɜːtɪ]
cuarenta	**forty**	['fɔːtɪ]
cincuenta	**fifty**	['fɪftɪ]
sesenta	**sixty**	['sɪkstɪ]
setenta	**seventy**	['sɛvəntɪ]
ochenta	**eighty**	['eɪtɪ]
noventa	**ninety**	['naɪntɪ]
cien	**one hundred**	[wʌn 'hʌndrəd]
doscientos	**two hundred**	[tu 'hʌndrəd]
trescientos	**three hundred**	[θri: 'hʌndrəd]
cuatrocientos	**four hundred**	[fɔ: 'hʌndrəd]
quinientos	**five hundred**	[faɪv 'hʌndrəd]
seiscientos	**six hundred**	[sɪks 'hʌndrəd]
setecientos	**seven hundred**	['sɛvən 'hʌndrəd]
ochocientos	**eight hundred**	[eɪt 'hʌndrəd]
novecientos	**nine hundred**	[naɪn 'hʌndrəd]
mil	**one thousand**	[wʌn 'θaʊzənd]
diez mil	**ten thousand**	[tɛn 'θaʊzənd]
cien mil	**one hundred thousand**	[wʌn 'hʌndrəd 'θaʊzənd]
millón (m)	**million**	['mɪljən]
mil millones	**billion**	['bɪljən]

3. El ser humano. Los familiares

hombre (m) (varón)	**man**	[mæn]
joven (m)	**young man**	[jʌŋ mæn]
adolescente (m)	**teenager**	['tiːneɪdʒə]
mujer (f)	**woman**	['wʊmən]
muchacha (f)	**girl, young woman**	[gɜːl], [jʌŋ 'wʊmən]
edad (f)	**age**	[eɪdʒ]
adulto	**adult**	[ə'dʌlt]
de edad media (adj)	**middle-aged**	[mɪdl 'eɪdʒd]
anciano, mayor (adj)	**elderly**	['ɛldəlɪ]
viejo (adj)	**old**	['oʊld]
anciano (m)	**old man**	['oʊld mæn]
anciana (f)	**old woman**	['oʊld 'wʊmən]
jubilación (f)	**retirement**	[rɪ'taɪəmənt]
jubilarse	**to retire** (vi)	[tʊ rɪ'taɪə]
jubilado (m)	**retiree**	[rɪtaɪə'riː]
madre (f)	**mother**	['mʌðə]
padre (m)	**father**	['fɑːðə]
hijo (m)	**son**	[sʌn]

hija (f)	daughter	['dɔ:tə]
hermano (m)	brother	['brʌðə]
hermano (m) mayor	elder brother	['eldə 'brʌðə]
hermano (m) menor	younger brother	['jʌŋgə 'brʌðə]
hermana (f)	sister	['sɪstə]
hermana (f) mayor	elder sister	['eldə 'sɪstə]
hermana (f) menor	younger sister	['jʌŋgə 'sɪstə]
padres (pl)	parents	['pɛərənts]
niño -a (m, f)	child	[ʧaɪld]
niños (pl)	children	['ʧɪldrən]
madrastra (f)	stepmother	['stɛpˌmʌðə]
padrastro (m)	stepfather	['stɛpˌfɑ:ðə]
abuela (f)	grandmother	['grænˌmʌðə]
abuelo (m)	grandfather	['grænˌfɑ:ðə]
nieto (m)	grandson	['grænsʌn]
nieta (f)	granddaughter	['grænˌdɔ:tə]
nietos (pl)	grandchildren	['grænˌʧɪldrən]
tío (m)	uncle	['ʌŋkl]
tía (f)	aunt	[ænt]
sobrino (m)	nephew	['nɛfju:]
sobrina (f)	niece	[ni:s]
mujer (f)	wife	[waɪf]
marido (m)	husband	['hʌzbənd]
casado (adj)	married	['mærɪd]
casada (adj)	married	['mærɪd]
viuda (f)	widow	['wɪdoʊ]
viudo (m)	widower	['wɪdoʊə]
nombre (m)	name, first name	[neɪm], [fɜ:st neɪm]
apellido (m)	surname, last name	['sɜ:neɪm], [læst neɪm]
pariente (m)	relative	['rɛlətɪv]
amigo (m)	friend	[frɛnd]
amistad (f)	friendship	['frɛndʃɪp]
compañero (m)	partner	['pɑ:tnə]
superior (m)	boss, superior	[bɔ:s], [su:'pɪərɪə]
colega (m, f)	colleague	['kɑ:li:g]
vecinos (pl)	neighbors	['neɪbəz]

4. El cuerpo. La anatomía humana

organismo (m)	organism	['ɔ:gənɪzəm]
cuerpo (m)	body	['bɑ:dɪ]
corazón (m)	heart	[hɑ:t]
sangre (f)	blood	[blʌd]

| cerebro (m) | brain | [breɪn] |
| nervio (m) | nerve | [nɜ:v] |

hueso (m)	bone	['boʊn]
esqueleto (m)	skeleton	['skɛlətən]
columna (f) vertebral	spine, backbone	[spaɪn], ['bækboʊn]
costilla (f)	rib	[rɪb]
cráneo (m)	skull	[skʌl]

músculo (m)	muscle	[mʌsl]
pulmones (m pl)	lungs	[lʌŋz]
piel (f)	skin	[skɪn]

cabeza (f)	head	[hɛd]
cara (f)	face	[feɪs]
nariz (f)	nose	['noʊz]
frente (f)	forehead	['fɔ:hɛd]
mejilla (f)	cheek	[ʧi:k]
boca (f)	mouth	['maʊθ]
lengua (f)	tongue	[tʌŋ]
diente (m)	tooth	[tu:θ]
labios (m pl)	lips	[lɪps]
mentón (m)	chin	[ʧɪn]

oreja (f)	ear	[ɪə]
cuello (m)	neck	[nɛk]
garganta (f)	throat	['θroʊt]

ojo (m)	eye	[aɪ]
pupila (f)	pupil	['pju:pl]
ceja (f)	eyebrow	['aɪbraʊ]
pestaña (f)	eyelash	['aɪlæʃ]

pelo, cabello (m)	hair	[hɛə]
peinado (m)	hairstyle	['hɛəstaɪl]
bigote (m)	mustache	['mʌstæʃ]
barba (f)	beard	[bɪərd]
tener (~ la barba)	to have (vt)	[tʊ hæv]
calvo (adj)	bald	[bɔ:ld]

mano (f)	hand	[hænd]
brazo (m)	arm	[ɑ:m]
dedo (m)	finger	['fɪŋgə]
uña (f)	nail	[neɪl]
palma (f)	palm	[pɑ:m]

hombro (m)	shoulder	['ʃoʊldə]
pierna (f)	leg	[lɛg]
planta (f)	foot	[fʊt]
rodilla (f)	knee	[ni:]
talón (m)	heel	[hi:l]
espalda (f)	back	[bæk]

cintura (f), talle (m)	waist	[weɪst]
lunar (m)	beauty mark	['bjuːtɪ mɑːk]
marca (f) de nacimiento	birthmark	['bɜːrθmɑːrk]

5. La medicina. Las drogas

salud (f)	health	[hɛlθ]
sano (adj)	well	[wɛl]
enfermedad (f)	sickness	['sɪknəs]
estar enfermo	to be sick	[tʊ bi sɪk]
enfermo (adj)	ill, sick	[ɪl], [sɪk]

resfriado (m)	cold	['koʊld]
resfriarse (vr)	to catch a cold	[tʊ kætʃ ə 'koʊld]
angina (f)	tonsillitis	[tɑːnsə'laɪtɪs]
pulmonía (f)	pneumonia	[nuː'moʊnɪə]
gripe (f)	flu	[fluː]

resfriado (m) (coriza)	runny nose	[ˌrʌnɪ 'noʊz]
tos (f)	cough	[kɔːf]
toser (vi)	to cough (vi)	[tʊ kɔːf]
estornudar (vi)	to sneeze (vi)	[tʊ sniːz]

insulto (m)	stroke	['stroʊk]
ataque (m) cardiaco	heart attack	[hɑːt ə'tæk]
alergia (f)	allergy	['ælərdʒɪ]
asma (f)	asthma	['æsmə]
diabetes (f)	diabetes	[daɪə'biːtiːz]

tumor (m)	tumor	['tuːmə]
cáncer (m)	cancer	['kænsə]
alcoholismo (m)	alcoholism	['ælkəhɔːlɪzəm]
SIDA (m)	AIDS	[eɪdz]
fiebre (f)	fever	['fiːvə]
mareo (m)	seasickness	['siːˌsɪknəs]

moradura (f)	bruise	[bruːz]
chichón (m)	bump	[bʌmp]
cojear (vi)	to limp (vi)	[tʊ lɪmp]
dislocación (f)	dislocation	[dɪslə'keɪʃn]
dislocar (vt)	to dislocate (vt)	[tʊ 'dɪsləkeɪt]

fractura (f)	fracture	['fræktʃə]
quemadura (f)	burn	[bɜːn]
herida (f)	injury	['ɪndʒərɪ]
dolor (m)	pain, ache	[peɪn], [eɪk]
dolor (m) de muelas	toothache	['tuːθeɪk]

| sudar (vi) | to sweat (vi) | [tʊ swɛt] |
| sordo (adj) | deaf | [dɛf] |

mudo (adj)	mute	[mju:t]
inmunidad (f)	immunity	[ɪ'mju:nətɪ]
virus (m)	virus	['vaɪrəs]
microbio (m)	microbe	['maɪkroʊb]
bacteria (f)	bacterium	[bæk'tɪriəm]
infección (f)	infection	[ɪn'fɛkʃn]
hospital (m)	hospital	['hɑ:spɪtəl]
cura (f)	cure	[kjʊə]
vacunar (vt)	to vaccinate (vt)	[tʊ 'væksɪneɪt]
estar en coma	to be in a coma	[tʊ bi ɪn ə 'koʊmə]
revitalización (f)	intensive care	[ɪn'tɛnsɪv 'kɛə]
síntoma (m)	symptom	['sɪmptəm]
pulso (m)	pulse, heartbeat	[pʌls], ['hɑ:tbi:t]

6. Los sentimientos. Las emociones

yo	I, me	[aɪ], [mi:]
tú	you	[ju:]
él	he	[hi:]
ella	she	[ʃi:]
ello	it	[ɪt]
nosotros, -as	we	[wi:]
vosotros, -as	you	[ju:]
ellos, ellas	they	[ðeɪ]
¡Hola! (fam.)	Hello!	[hə'loʊ]
¡Hola! (form.)	Hello!	[hə'loʊ]
¡Buenos días!	Good morning!	[gʊd 'mɔ:nɪŋ]
¡Buenas tardes!	Good afternoon!	[gʊd æftə'nu:n]
¡Buenas noches!	Good evening!	[gʊd 'i:vnɪŋ]
decir hola	to say hello	[tʊ seɪ hə'loʊ]
saludar (vt)	to greet (vt)	[tʊ gri:t]
¿Cómo estás?	How are you?	['haʊ ə 'ju:]
¡Chau! ¡Adiós!	Bye-Bye! Goodbye!	[baɪ baɪ], [gʊd'baɪ]
¡Gracias!	Thank you!	['θæŋk ju:]
sentimientos (m pl)	feelings	['fi:lɪŋz]
tener hambre	to be hungry	[tʊ bi 'hʌŋgrɪ]
tener sed	to be thirsty	[tʊ bi 'θɜ:stɪ]
cansado (adj)	tired	['taɪəd]
inquietarse (vr)	to be worried	[tʊ bi 'wʌrɪd]
estar nervioso	to be nervous	[tʊ bi 'nɜ:vəs]
esperanza (f)	hope	['hoʊp]
esperar (tener esperanza)	to hope (vi, vt)	[tʊ 'hoʊp]
carácter (m)	character	['kærəktə]
modesto (adj)	modest	['mɑ:dəst]

perezoso (adj)	**lazy**	['leɪzɪ]
generoso (adj)	**generous**	['dʒɛnərəs]
talentoso (adj)	**talented**	['tæləntɪd]
honesto (adj)	**honest**	['ɑ:nɪst]
serio (adj)	**serious**	['sɪrɪəs]
tímido (adj)	**shy, timid**	[ʃaɪ], ['tɪmɪd]
sincero (adj)	**sincere**	[sɪn'sɪə]
cobarde (m)	**coward**	['kaʊəd]
dormir (vi)	**to sleep** (vi)	[tʊ sli:p]
sueño (m) (dulces ~s)	**dream**	[dri:m]
cama (f)	**bed**	[bɛd]
almohada (f)	**pillow**	['pɪloʊ]
insomnio (m)	**insomnia**	[ɪn'sɑ:mnɪə]
irse a la cama	**to go to bed**	[tʊ 'goʊ tʊ bɛd]
pesadilla (f)	**nightmare**	['naɪtmɛə]
despertador (m)	**alarm clock**	[ə'lɑ:m klɑ:k]
sonrisa (f)	**smile**	[smaɪl]
sonreír (vi)	**to smile** (vi)	[tʊ smaɪl]
reírse (vr)	**to laugh** (vi)	[tʊ læf]
disputa (f), riña (f)	**quarrel**	['kwɔ:rəl]
insulto (m)	**insult**	['ɪnsʌlt]
ofensa (f)	**resentment**	[rɪ'zɛntmənt]
enfadado (adj)	**angry**	['æŋgrɪ]

7. La ropa. Accesorios personales

ropa (f)	**clothes**	['kloʊðz]
abrigo (m)	**coat, overcoat**	['koʊt], ['oʊvəkoʊt]
abrigo (m) de piel	**fur coat**	[fɜ: 'koʊt]
cazadora (f)	**jacket**	['dʒækɪt]
impermeable (m)	**raincoat**	['reɪnkoʊt]
camisa (f)	**shirt**	[ʃɜ:t]
pantalones (m pl)	**pants**	[pænts]
chaqueta (f), saco (m)	**jacket**	['dʒækɪt]
traje (m)	**suit**	[su:t]
vestido (m)	**dress**	[drɛs]
falda (f)	**skirt**	[skɜ:t]
camiseta (f) (T-shirt)	**T-shirt**	['ti:ʃɜ:t]
bata (f) de baño	**bathrobe**	['bæθroʊb]
pijama (m)	**pajamas**	[pə'dʒɑ:məz]
ropa (f) de trabajo	**workwear**	['wɜ:kwɛə]
ropa (f) interior	**underwear**	['ʌndəwɛə]
calcetines (m pl)	**socks**	[sɑ:ks]

sostén (m)	bra	[brɑ:]
pantimedias (f pl)	pantyhose	['pæntɪhoʊz]
medias (f pl)	stockings	['stɑ:kɪŋz]
traje (m) de baño	bathing suit	['beɪðɪŋ su:t]
gorro (m)	hat	[hæt]
calzado (m)	footwear	['fʊtwɛə]
botas (f pl) altas	boots	[bu:ts]
tacón (m)	heel	[hi:l]
cordón (m)	shoestring	['ʃu:strɪŋ]
betún (m)	shoe polish	[ʃu: 'poʊlɪʃ]
algodón (m)	cotton	['kɑ:tən]
lana (f)	wool	[wʊl]
piel (f) (~ de zorro, etc.)	fur	[fɜ:]
guantes (m pl)	gloves	[glʌvz]
manoplas (f pl)	mittens	['mɪtənz]
bufanda (f)	scarf	[skɑ:f]
gafas (f pl)	glasses	['glæsɪz]
paraguas (m)	umbrella	[ʌm'brɛlə]
corbata (f)	tie	[taɪ]
moquero (m)	handkerchief	['hæŋkətʃɪf]
peine (m)	comb	['koʊm]
cepillo (m) de pelo	hairbrush	['hɛəbrʌʃ]
hebilla (f)	buckle	['bʌkl]
cinturón (m)	belt	[bɛlt]
bolso (m)	purse	[pɜ:rs]
cuello (m)	collar	['kɑ:lə]
bolsillo (m)	pocket	['pɑ:kɪt]
manga (f)	sleeve	[sli:v]
bragueta (f)	fly	[flaɪ]
cremallera (f)	zipper	['zɪpə]
botón (m)	button	['bʌtn]
ensuciarse (vr)	to get dirty (vi)	[tʊ gɛt 'dɜ:tɪ]
mancha (f)	stain	[steɪn]

8. La ciudad. Las instituciones urbanas

tienda (f)	store	[stɔ:]
centro (m) comercial	shopping mall	['ʃɑ:pɪŋ mɔ:l]
supermercado (m)	supermarket	['su:pəmɑ:kɪt]
zapatería (f)	shoe store	['ʃu: stɔ:]
librería (f)	bookstore	['bʊkstɔ:]
farmacia (f)	drugstore, pharmacy	['drʌgstɔ:], ['fɑ:məsɪ]
panadería (f)	bakery	['beɪkərɪ]

pastelería (f)	pastry shop	['peɪstrɪ ʃɑ:p]
tienda (f) de comestibles	grocery store	['grousərɪ stɔ:]
carnicería (f)	butcher shop	['butʃə ʃɑ:p]
verdulería (f)	produce store	['prəudu:s stɔ:]
mercado (m)	market	['mɑːkɪt]

peluquería (f)	hair salon	['hɛə sə'lɑn]
oficina (f) de correos	post office	['poust 'ɔ:fɪs]
tintorería (f)	dry cleaners	[draɪ 'kli:nəz]
circo (m)	circus	['sɜ:kəs]
zoológico (m)	zoo	[zu:]
teatro (m)	theater	['θɪətə]
cine (m)	movie theater	['mu:vɪ 'θɪətə]
museo (m)	museum	[mjuˈzi:əm]
biblioteca (f)	library	['laɪbrərɪ]

mezquita (f)	mosque	[mɑːsk]
sinagoga (f)	synagogue	['sɪnəgɑːg]
catedral (f)	cathedral	[kə'θi:drəl]
templo (m)	temple	['tɛmpl]
iglesia (f)	church	[tʃɜ:tʃ]

instituto (m)	college	['kɑːlɪdʒ]
universidad (f)	university	[ju:nɪ'vɜ:sətɪ]
escuela (f)	school	[sku:l]

hotel (m)	hotel	[hou'tɛl]
banco (m)	bank	[bæŋk]
embajada (f)	embassy	['ɛmbəsɪ]
agencia (f) de viajes	travel agency	['trævəl 'eɪdʒənsɪ]

metro (m)	subway	['sʌbweɪ]
hospital (m)	hospital	['hɑ:spɪtəl]
gasolinera (f)	gas station	[gæs 'steɪʃn]
aparcamiento (m)	parking lot	['pɑ:kɪŋ lɑ:t]

ENTRADA	ENTRANCE	['ɛntrəns]
SALIDA	EXIT	['ɛksɪt]
EMPUJAR	PUSH	[puʃ]
TIRAR	PULL	[pul]

| ABIERTO | OPEN | ['oupən] |
| CERRADO | CLOSED | ['klouzd] |

monumento (m)	monument	['mɑːnjumənt]
fortaleza (f)	fortress	['fɔ:trəs]
palacio (m)	palace	['pælɪs]

medieval (adj)	medieval	[mɪ'di:vəl]
antiguo (adj)	ancient	['eɪnʃənt]
nacional (adj)	national	['næʃnəl]
conocido (adj)	famous	['feɪməs]

9. El dinero. Las finanzas

dinero (m)	money	['mʌnɪ]
moneda (f)	coin	[kɔɪn]
dólar (m)	dollar	['dɑ:lə]
euro (m)	euro	['jʊroʊ]

cajero (m) automático	ATM	[eɪti:'em]
oficina (f) de cambio	currency exchange	['kʌrənsɪ ɪks'ʧeɪndʒ]
curso (m)	exchange rate	[ɪks'ʧeɪndʒ reɪt]
dinero (m) en efectivo	cash	[kæʃ]
¿Cuánto?	How much?	['haʊ 'mʌʧ]
pagar (vi, vt)	to pay (vi, vt)	[tʊ peɪ]
pago (m)	payment	['peɪmənt]
cambio (m) (devolver el ~)	change	[ʧeɪndʒ]

precio (m)	price	[praɪs]
descuento (m)	discount	['dɪskaʊnt]
barato (adj)	cheap	[ʧi:p]
caro (adj)	expensive	[ɪk'spɛnsɪv]

banco (m)	bank	[bæŋk]
cuenta (f)	account	[ə'kaʊnt]
tarjeta (f) de crédito	credit card	['krɛdɪt kɑ:d]
cheque (m)	check	[ʧɛk]
sacar un cheque	to write a check	[tʊ raɪt ə ʧɛk]
talonario (m)	checkbook	['ʧɛkbʊk]

deuda (f)	debt	[dɛt]
deudor (m)	debtor	['dɛtə]
prestar (vt)	to lend (vt)	[tʊ lɛnd]
tomar prestado	to borrow (vt)	[tʊ 'bɑ:roʊ]

alquilar (vt)	to rent (vt)	[tʊ rɛnt]
a crédito (adv)	on credit	[ɑ:n 'krɛdɪt]
cartera (f)	wallet	['wɑ:lɪt]
caja (f) fuerte	safe	[seɪf]
herencia (f)	inheritance	[ɪn'hɛrɪtəns]
fortuna (f)	fortune	['fɔ:ʧu:n]

impuesto (m)	tax	[tæks]
multa (f)	fine	[faɪn]
multar (vt)	to fine (vt)	[tʊ faɪn]

al por mayor (adj)	wholesale	['hoʊlseɪl]
al por menor (adj)	retail	['ri:teɪl]
asegurar (vt)	to insure (vt)	[tʊ ɪn'ʃʊə]
seguro (m)	insurance	[ɪn'ʃʊrəns]

| capital (m) | capital | ['kæpɪtəl] |
| volumen (m) de negocio | turnover | ['tɜ:noʊvə] |

acción (f)	stock, share	[stɑ:k], [ʃɛə]
beneficio (m)	profit	['prɑ:fɪt]
beneficioso (adj)	profitable	['prɑ:fɪtəbl]
crisis (f)	crisis	['kraɪsɪs]
bancarrota (f)	bankruptcy	['bæŋkrʌptsɪ]
ir a la bancarrota	to go bankrupt	[tʊ 'goʊ 'bæŋkrʌpt]
contable (m)	accountant	[ə'kaʊntənt]
salario (m)	salary	['sæ.lərɪ]
premio (m)	bonus	['boʊnəs]

10. El transporte

autobús (m)	bus	[bʌs]
tranvía (m)	streetcar	['stri:tkɑ:]
trolebús (m)	trolley bus	['trɑ:lɪ bʌs]
ir en ...	to go by ...	[tʊ 'goʊ baɪ ...]
tomar (~ el autobús)	to get on	[tʊ gɛt ɑ:n]
bajar (~ del tren)	to get off	[tʊ gɛt ɔ:f]
parada (f)	stop	[stɑ:p]
parada (f) final	terminus	['tɜ:mɪnəs]
horario (m)	schedule	['skɛdʒʊl]
billete (m)	ticket	['tɪkɪt]
llegar tarde (vi)	to be late	[tʊ bi 'leɪt]
taxi (m)	taxi, cab	['tæksɪ], [kæb]
en taxi	by taxi	[baɪ 'tæksɪ]
parada (f) de taxi	taxi stand	['tæksɪ stænd]
tráfico (m)	traffic	['træfɪk]
horas (f pl) de punta	rush hour	['rʌʃ ˌaʊə]
aparcar (vi)	to park (vi)	[tʊ pɑ:k]
metro (m)	subway	['sʌbweɪ]
estación (f)	station	['steɪʃn]
tren (m)	train	[treɪn]
estación (f)	train station	[treɪn 'steɪʃn]
rieles (m pl)	rails	[reɪlz]
compartimiento (m)	compartment	[kəm'pɑ:tmənt]
litera (f)	berth	[bɜ:θ]
avión (m)	airplane	['ɛəpleɪn]
billete (m) de avión	air ticket	['ɛə 'tɪkɪt]
compañía (f) aérea	airline	['ɛəlaɪn]
aeropuerto (m)	airport	['ɛəpɔ:t]
vuelo (m)	flight	[flaɪt]
equipaje (m)	luggage	['lʌgɪdʒ]

carrito (m) de equipaje	luggage cart	['lʌgɪdʒ kɑːt]
barco, buque (m)	ship	[ʃɪp]
trasatlántico (m)	cruise ship	[kruːz ʃɪp]
yate (m)	yacht	[jɑːt]
bote (m) de remo	boat	['boʊt]

capitán (m)	captain	['kæptɪn]
camarote (m)	cabin	['kæbɪn]
puerto (m)	port	[pɔːt]

bicicleta (f)	bicycle	['baɪsɪkl]
scooter (m)	scooter	['skuːtə]
motocicleta (f)	motorcycle, bike	['moʊtəsaɪkl], [baɪk]
pedal (m)	pedal	['pɛdəl]
bomba (f)	pump	[pʌmp]
rueda (f)	wheel	[wiːl]

coche (m)	automobile, car	['ɔːtəməbiːl], [kɑː]
ambulancia (f)	ambulance	['æmbjʊləns]
camión (m)	truck	[trʌk]
de ocasión (adj)	used	[juːzd]
accidente (m)	car crash	[kɑː kræʃ]
reparación (f)	repair	[rɪ'pɛə]

11. La comida. Unidad 1

carne (f)	meat	[miːt]
gallina (f)	chicken	['ʧɪkɪn]
pato (m)	duck	[dʌk]

carne (f) de cerdo	pork	[pɔːk]
carne (f) de ternera	veal	[viːl]
carne (f) de carnero	lamb	[læm]
carne (f) de vaca	beef	[biːf]

salchichón (m)	sausage	['sɔːsɪdʒ]
huevo (m)	egg	[ɛg]
pescado (m)	fish	[fɪʃ]
queso (m)	cheese	[ʧiːz]
azúcar (m)	sugar	['ʃʊgə]
sal (f)	salt	[sɔːlt]

arroz (m)	rice	[raɪs]
macarrones (m pl)	pasta	['pæstə]
mantequilla (f)	butter	['bʌtə]
aceite (m) vegetal	vegetable oil	['vɛdʒtəbl ɔɪl]
pan (m)	bread	[brɛd]
chocolate (m)	chocolate	['ʧɑːklət]
vino (m)	wine	[waɪn]
café (m)	coffee	['kɔːfɪ]

leche (f)	milk	[mɪlk]
zumo (m), jugo (m)	juice	[dʒu:s]
cerveza (f)	beer	[bɪə]
té (m)	tea	[ti:]

tomate (m)	tomato	[tə'meɪtoʊ]
pepino (m)	cucumber	['kju:kʌmbə]
zanahoria (f)	carrot	['kærət]
patata (f)	potato	[pə'teɪtoʊ]
cebolla (f)	onion	['ʌnjən]
ajo (m)	garlic	['gɑ:lɪk]

col (f)	cabbage	['kæbɪdʒ]
remolacha (f)	beet	[bi:t]
berenjena (f)	eggplant	['ɛgplɑ:nt]
eneldo (m)	dill	[dɪl]
lechuga (f)	lettuce	['lɛtɪs]
maíz (m)	corn	[kɔ:n]

fruto (m)	fruit	[fru:t]
manzana (f)	apple	[æpl]
pera (f)	pear	[pɛə]
limón (m)	lemon	['lɛmən]
naranja (f)	orange	['ɔ:rɪndʒ]
fresa (f)	strawberry	['strɔ:bərɪ]

ciruela (f)	plum	[plʌm]
frambuesa (f)	raspberry	['ræzbərɪ]
piña (f)	pineapple	['paɪnˌæpl]
banana (f)	banana	[bə'nɑ:nə]
sandía (f)	watermelon	['wɔ:təmɛlən]
uva (f)	grapes	[greɪps]
melón (m)	melon	['mɛlən]

12. La comida. Unidad 2

cocina (f)	cuisine	[kwɪ'zi:n]
receta (f)	recipe	['rɛsəpɪ]
comida (f)	food	[fu:d]

desayunar (vi)	to have breakfast	[tʊ hæv 'brɛkfəst]
almorzar (vi)	to have lunch	[tʊ hæv lʌntʃ]
cenar (vi)	to have dinner	[tʊ hæv 'dɪnə]

sabor (m)	taste, flavor	[teɪst], ['fleɪvə]
sabroso (adj)	tasty	['teɪstɪ]
frío (adj)	cold	['koʊld]
caliente (adj)	hot	[hɑ:t]
azucarado, dulce (adj)	sweet	[swi:t]
salado (adj)	salty	['sɔ:ltɪ]

bocadillo (m)	sandwich	['sænwɪtʃ]
guarnición (f)	side dish	[saɪd dɪʃ]
relleno (m)	filling	['fɪlɪŋ]
salsa (f)	sauce	[sɔːs]
pedazo (m)	piece	[piːs]

dieta (f)	diet	['daɪət]
vitamina (f)	vitamin	['vaɪtəmɪn]
caloría (f)	calorie	['kælərɪ]
vegetariano (m)	vegetarian	[vɛdʒe'tɛrɪən]

restaurante (m)	restaurant	['rɛstərɑːnt]
cafetería (f)	coffee house	['kɔːfɪ 'haʊs]
apetito (m)	appetite	['æpɪtaɪt]
¡Que aproveche!	Enjoy your meal!	[ɪn'dʒɔɪ jɔː miːl]

camarero (m)	waiter	['weɪtə]
camarera (f)	waitress	['weɪtrəs]
barman (m)	bartender	['bɑːrˌtɛndə]
carta (f), menú (m)	menu	['mɛnjuː]

cuchara (f)	spoon	[spuːn]
cuchillo (m)	knife	[naɪf]
tenedor (m)	fork	[fɔːk]
taza (f)	cup	[kʌp]

plato (m)	plate	[pleɪt]
platillo (m)	saucer	['sɔːsə]
servilleta (f)	napkin	['næpkɪn]
mondadientes (m)	toothpick	['tuːθpɪk]

pedir (vt)	to order (vi, vt)	[tʊ 'ɔːdə]
plato (m)	course, dish	[kɔːs], [dɪʃ]
porción (f)	portion	['pɔːʃn]
entremés (m)	appetizer	['æpɪtaɪzə]
ensalada (f)	salad	['sæləd]
sopa (f)	soup	[suːp]

postre (m)	dessert	[dɪ'zɜːt]
confitura (f)	jam	[dʒæm]
helado (m)	ice-cream	[aɪs kriːm]
cuenta (f)	check	[tʃɛk]
pagar la cuenta	to pay the check	[tʊ peɪ ðə tʃek]
propina (f)	tip	[tɪp]

13. La casa. El apartamento. Unidad 1

casa (f)	house	['haʊs]
casa (f) de campo	country house	['kʌntrɪ 'haʊs]
villa (f)	villa	['vɪlə]

piso (m), planta (f)	**floor, story**	[flɔ:], ['stɔ:rɪ]
entrada (f)	**entrance**	['ɛntrəns]
pared (f)	**wall**	[wɔ:l]
techo (m)	**roof**	[ru:f]
chimenea (f)	**chimney**	['ʧɪmnɪ]
desván (m)	**attic**	['ætɪk]
ventana (f)	**window**	['wɪndoʊ]
alféizar (m)	**window ledge**	['wɪndoʊ lɛʤ]
balcón (m)	**balcony**	['bælkənɪ]
escalera (f)	**stairs**	[stɛəz]
buzón (m)	**mailbox**	['meɪlbɑ:ks]
contenedor (m) de basura	**garbage can**	['gɑ:bɪʤ kæn]
ascensor (m)	**elevator**	['ɛlɪveɪtə]
electricidad (f)	**electricity**	[ɪlɛk'trɪsətɪ]
bombilla (f)	**light bulb**	['laɪt bʌlb]
interruptor (m)	**switch**	[swɪʧ]
enchufe (m)	**wall socket**	[wɔ:l 'sɑ:kɪt]
fusible (m)	**fuze, fuse**	[fju:z]
puerta (f)	**door**	[dɔ:]
tirador (m)	**handle**	['hændl]
llave (f)	**key**	[ki:]
felpudo (m)	**doormat**	['dɔ:mæt]
cerradura (f)	**lock**	[lɑ:k]
timbre (m)	**doorbell**	['dɔ:bɛl]
toque (m) a la puerta	**knock**	[nɑ:k]
tocar la puerta	**to knock** (vi)	[tʊ nɑ:k]
mirilla (f)	**peephole**	['pi:phoʊl]
patio (m)	**yard**	[jɑ:d]
jardín (m)	**garden**	['gɑ:dən]
piscina (f)	**swimming pool**	['swɪmɪŋ pu:l]
gimnasio (m)	**gym**	[ʤɪm]
cancha (f) de tenis	**tennis court**	['tɛnɪs kɔ:t]
garaje (m)	**garage**	[gə'rɑ:ʒ]
propiedad (f) privada	**private property**	['praɪvɪt 'prɑ:pətɪ]
letrero (m) de aviso	**warning sign**	['wɔ:nɪŋ saɪn]
seguridad (f)	**security**	[sɪ'kjʊrətɪ]
guardia (m) de seguridad	**security guard**	[sɪ'kjʊrətɪ gɑ:d]
renovación (f)	**renovations**	[rɛnə'veɪʃnz]
renovar (vt)	**to renovate** (vt)	[tʊ 'rɛnəveɪt]
poner en orden	**to put in order**	[tʊ pʊt ɪn 'ɔ:də]
pintar (las paredes)	**to paint** (vt)	[tʊ peɪnt]
empapelado (m)	**wallpaper**	['wɔ:lpeɪpə]
cubrir con barniz	**to varnish** (vt)	[tʊ 'vɑ:nɪʃ]
tubo (m)	**pipe**	[paɪp]

instrumentos (m pl)	**tools**	[tu:lz]
sótano (m)	**basement**	['beɪsmənt]
alcantarillado (m)	**sewerage**	['su:ərɪdʒ]

14. La casa. El apartamento. Unidad 2

apartamento (m)	**apartment**	[ə'pɑ:tmənt]
habitación (f)	**room**	[ru:m]
dormitorio (m)	**bedroom**	['bɛdrʊm]
comedor (m)	**dining room**	['daɪnɪŋ rʊm]
salón (m)	**living room**	['lɪvɪŋ rʊm]
despacho (m)	**study**	['stʌdɪ]
antecámara (f)	**entry room**	['ɛntrɪ rʊm]
cuarto (m) de baño	**bathroom**	['bæθrʊm]
servicio (m)	**half bath**	[hɑ:f bɑ:θ]
suelo (m)	**floor**	[flɔ:]
techo (m)	**ceiling**	['si:lɪŋ]
limpiar el polvo	**to dust** (vt)	[tʊ dʌst]
aspirador (m), aspiradora (f)	**vacuum cleaner**	['vækjʊəm 'kli:nə]
limpiar con la aspiradora	**to vacuum** (vt)	[tʊ 'vækjʊəm]
fregona (f)	**mop**	[mɑ:p]
trapo (m)	**dust cloth**	[dʌst klɔ:θ]
escoba (f)	**broom**	[bru:m]
cogedor (m)	**dustpan**	['dʌstpæn]
muebles (m pl)	**furniture**	['fɜ:nɪtʃə]
mesa (f)	**table**	['teɪbl]
silla (f)	**chair**	[tʃɛə]
sillón (m)	**armchair**	['ɑ:mtʃɛə]
librería (f)	**bookcase**	['bʊkkeɪs]
estante (m)	**shelf**	[ʃɛlf]
armario (m)	**wardrobe**	['wɔ:drəʊb]
espejo (m)	**mirror**	['mɪrə]
tapiz (m)	**carpet**	['kɑ:pɪt]
chimenea (f)	**fireplace**	['faɪəpleɪs]
cortinas (f pl)	**drapes**	[dreɪps]
lámpara (f) de mesa	**table lamp**	['teɪbl læmp]
lámpara (f) de araña	**chandelier**	[ʃændə'lɪə]
cocina (f)	**kitchen**	['kɪtʃɪn]
cocina (f) de gas	**gas stove**	[gæs 'stəʊv]
cocina (f) eléctrica	**electric stove**	[ɪ'lɛktrɪk 'stəʊv]
horno (m) microondas	**microwave oven**	['maɪkrəweɪv 'ʌvən]
frigorífico (m)	**fridge**	[frɪdʒ]
congelador (m)	**freezer**	['fri:zə]

lavavajillas (m)	**dishwasher**	['dɪʃwɔ:ʃə]
grifo (m)	**faucet**	['fɔ:sɪt]
picadora (f) de carne	**meat grinder**	[mi:t 'graɪndə]
exprimidor (m)	**juicer**	['ʤu:sə]
tostador (m)	**toaster**	['toʊstə]
batidora (f)	**mixer**	['mɪksə]
cafetera (f) (aparato de cocina)	**coffee machine**	['kɔ:fɪ mə'ʃi:n]
hervidor (m) de agua	**kettle**	['kɛtl]
tetera (f)	**teapot**	['ti:pɑ:t]
televisor (m)	**TV set**	[ti:'vi: sɛt]
vídeo (m)	**video, VCR**	['vɪdɪoʊ], [vi:si:'ɑ:]
plancha (f)	**iron**	['aɪrən]
teléfono (m)	**telephone**	['tɛlɪfoʊn]

15. Los trabajos. El estatus social

director (m)	**director**	[dɪ'rɛktə]
superior (m)	**superior**	[su:'pɪrɪə]
presidente (m)	**president**	['prɛzɪdənt]
asistente (m)	**assistant**	[ə'sɪstənt]
secretario, -a (m, f)	**secretary**	['sɛkrətərɪ]
propietario (m)	**owner**	['oʊnə]
socio (m)	**partner**	['pɑ:tnə]
accionista (m)	**stockholder**	['stɑ:kˌhoʊldə]
hombre (m) de negocios	**businessman**	['bɪznɪsmæn]
millonario (m)	**millionaire**	[mɪljə'nɛə]
multimillonario (m)	**billionaire**	[bɪljə'nɛə]
actor (m)	**actor**	['æktə]
arquitecto (m)	**architect**	['ɑ:kɪtɛkt]
banquero (m)	**banker**	['bæŋkə]
broker (m)	**broker**	['broʊkə]
veterinario (m)	**veterinarian**	[vɛtərɪ'nɛrɪən]
médico (m)	**doctor**	['dɑ:ktə]
camarera (f)	**chambermaid**	['ʧeɪmbəˌmeɪd]
diseñador (m)	**designer**	[dɪ'zaɪnə]
corresponsal (m)	**correspondent**	[kɔ:rɪ'spɑ:ndənt]
repartidor (m)	**delivery man**	[dɪ'lɪvərɪ mæn]
electricista (m)	**electrician**	[ɪlɛk'trɪʃən]
músico (m)	**musician**	[mjʊ'zɪʃən]
niñera (f)	**babysitter**	['beɪbɪsɪtə]
peluquero (m)	**hairdresser**	['hɛədrɛsə]
pastor (m)	**herder**	['hɜ:də]

cantante (m)	singer	['sɪŋə]
traductor (m)	translator	[trænsˈleɪtə]
escritor (m)	writer	['raɪtə]
carpintero (m)	carpenter	['kɑːpəntə]
cocinero (m)	cook	[kʊk]

bombero (m)	fireman	['faɪəmən]
policía (m)	police officer	[pəˈliːs 'ɔːfɪsə]
cartero (m)	mailman	['meɪlmən]
programador (m)	programmer	['proʊgræmə]
vendedor (m)	salesman	['seɪlzmən]

obrero (m)	worker	['wɜːkə]
jardinero (m)	gardener	['gɑːdnə]
fontanero (m)	plumber	['plʌmə]
dentista (m)	dentist	['dɛntɪst]
azafata (f)	flight attendant	[flaɪt əˈtɛndənt]

bailarín (m)	dancer	['dænsə]
guardaespaldas (m)	bodyguard	['bɑːdɪgɑːd]
científico (m)	scientist	['saɪəntɪst]
profesor (m) (~ de baile, etc.)	teacher	['tiːtʃə]

granjero (m)	farmer	['fɑːmə]
cirujano (m)	surgeon	['sɜːdʒən]
minero (m)	miner	['maɪnə]
jefe (m) de cocina	chef	[ʃɛf]
chofer (m)	driver	['draɪvə]

16. Los deportes

tipo (m) de deporte	kind of sports	[kaɪnd əv spɔːts]
fútbol (m)	soccer	['sɑːkə]
hockey (m)	hockey	['hɑːkɪ]
baloncesto (m)	basketball	['bæskɪtbɔːl]
béisbol (m)	baseball	['beɪsbɔːl]

voleibol (m)	volleyball	['vɑːlɪbɔːl]
boxeo (m)	boxing	['bɑːksɪŋ]
lucha (f)	wrestling	['rɛslɪŋ]
tenis (m)	tennis	['tɛnɪs]
natación (f)	swimming	['swɪmɪŋ]

ajedrez (m)	chess	[tʃɛs]
carrera (f)	running	['rʌnɪŋ]
atletismo (m)	athletics	[æθˈlɛtɪks]
patinaje (m) artístico	figure skating	['fɪgjə 'skeɪtɪŋ]
ciclismo (m)	cycling	['saɪklɪŋ]
billar (m)	billiards	['bɪljədz]

culturismo (m)	bodybuilding	['bɑːdɪbɪldɪŋ]
golf (m)	golf	[gɑːlf]
buceo (m)	scuba diving	['skuːbə 'daɪvɪŋ]
vela (f)	sailing	['seɪlɪŋ]
tiro (m) con arco	archery	['ɑːʧərɪ]
tiempo (m)	period, half	['pɪrɪəd], [hæf]
descanso (m)	half-time	[hæf taɪm]
empate (m)	tie	[taɪ]
empatar (vi)	to tie (vi)	[tʊ taɪ]
cinta (f) de correr	treadmill	['trɛdmɪl]
jugador (m)	player	['pleɪə]
reserva (m)	substitute	['sʌbstɪtuːt]
banquillo (m) de reserva	substitutes bench	['sʌbstɪtuːts bɛnʧ]
match (m)	match	[mæʧ]
puerta (f)	goal	['goʊl]
portero (m)	goalkeeper	['goʊlkiːpə]
gol (m)	goal	['goʊl]
Juegos (m pl) Olímpicos	Olympic Games	[ə'lɪmpɪk geɪmz]
establecer un record	to set a record	[tʊ sɛt ə 'rɛkɔːd]
final (m)	final	['faɪnəl]
campeón (m)	champion	['ʧæmpɪən]
campeonato (m)	championship	['ʧæmpɪənʃɪp]
vencedor (m)	winner	['wɪnə]
victoria (f)	victory	['vɪktərɪ]
ganar (vi)	to win (vi)	[tʊ wɪn]
perder (vi)	to lose (vi)	[tʊ luːz]
medalla (f)	medal	['mɛdəl]
primer puesto (m)	first place	[fɜːst pleɪs]
segundo puesto (m)	second place	['sɛkənd pleɪs]
tercer puesto (m)	third place	[θɜːd pleɪs]
estadio (m)	stadium	['steɪdɪəm]
hincha (m)	fan, supporter	[fæn], [sə'pɔːtə]
entrenador (m)	trainer, coach	['treɪnə], ['koʊʧ]
entrenamiento (m)	training	['treɪnɪŋ]

17. Los idiomas extranjeros. La ortografía

lengua (f)	language	['læŋgwɪʤ]
estudiar (vt)	to study (vt)	[tʊ 'stʌdɪ]
pronunciación (f)	pronunciation	[prənʌnsɪ'eɪʃn]
acento (m)	accent	['æksɛnt]
sustantivo (m)	noun	['naʊn]
adjetivo (m)	adjective	['æʤɪktɪv]

verbo (m)	**verb**	[vɜ:b]
adverbio (m)	**adverb**	['ædvɜ:b]
pronombre (m)	**pronoun**	['proʊnaʊn]
interjección (f)	**interjection**	[ɪntə'dʒɛkʃn]
preposición (f)	**preposition**	[prɛpə'zɪʃn]
raíz (f), radical (m)	**root**	[ru:t]
desinencia (f)	**ending**	['ɛndɪŋ]
prefijo (m)	**prefix**	['pri:fɪks]
sílaba (f)	**syllable**	['sɪləbl]
sufijo (m)	**suffix**	['sʌfɪks]
acento (m)	**stress mark**	[strɛs mɑ:k]
punto (m)	**period, dot**	['pɪrɪəd], [dɑ:t]
coma (m)	**comma**	['kɑ:mə]
dos puntos (m pl)	**colon**	['koʊlən]
puntos (m pl) suspensivos	**ellipsis**	[ɪ'lɪpsɪs]
pregunta (f)	**question**	['kwɛstʃən]
signo (m) de interrogación	**question mark**	['kwɛstʃən mɑ:k]
signo (m) de admiración	**exclamation point**	[eksklə'meɪʃn pɔɪnt]
entre comillas	**in quotation marks**	[ɪn kwoʊ'teɪʃn mɑ:ks]
entre paréntesis	**in parenthesis**	[ɪn pə'rɛnθɪsɪs]
letra (f)	**letter**	['lɛtə]
letra (f) mayúscula	**capital letter**	['kæpɪtəl 'lɛtə]
oración (f)	**sentence**	['sɛntəns]
combinación (f) de palabras	**group of words**	[gru:p əf wɜ:dz]
expresión (f)	**expression**	[ɪk'sprɛʃn]
sujeto (m)	**subject**	['sʌbdʒɛkt]
predicado (m)	**predicate**	['prɛdɪkət]
línea (f)	**line**	[laɪn]
párrafo (m)	**paragraph**	['pærəgræf]
sinónimo (m)	**synonym**	['sɪnənɪm]
antónimo (m)	**antonym**	['æntənɪm]
excepción (f)	**exception**	[ɪk'sɛpʃn]
subrayar (vt)	**to underline** (vt)	[tʊ 'ʌndəlaɪn]
reglas (f pl)	**rules**	[ru:lz]
gramática (f)	**grammar**	['græmə]
vocabulario (m)	**vocabulary**	[və'kæbjələrɪ]
fonética (f)	**phonetics**	[fə'nɛtɪks]
alfabeto (m)	**alphabet**	['ælfəbɛt]
manual (m)	**textbook**	['tɛkstbʊk]
diccionario (m)	**dictionary**	['dɪkʃənərɪ]
guía (f) de conversación	**phrasebook**	['freɪzbʊk]

palabra (f)	word	[wɜːd]
significado (m)	meaning	['miːnɪŋ]
memoria (f)	memory	['mɛmərɪ]

18. La Tierra. La geografía

Tierra (f)	the Earth	[ðɪ ɜːθ]
globo (m) terrestre	the globe	[ðə 'gloub]
planeta (m)	planet	['plænɪt]

geografía (f)	geography	[dʒɪ'ɑːgrəfɪ]
naturaleza (f)	nature	['neɪtʃə]
mapa (m)	map	[mæp]
atlas (m)	atlas	['ætləs]

en el norte	in the north	[ɪn ðə nɔːθ]
en el sur	in the south	[ɪn ðə 'sauθ]
en el oeste	in the west	[ɪn ðə wɛst]
en el este	in the east	[ɪn ðɪ iːst]

mar (m)	sea	[siː]
océano (m)	ocean	['ouʃn]
golfo (m)	gulf	[gʌlf]
estrecho (m)	straits	[streɪts]

continente (m)	continent	['kɑːntɪnənt]
isla (f)	island	['aɪlənd]
península (f)	peninsula	[pə'nɪnsjulə]
archipiélago (m)	archipelago	[ɑːkɪ'pɛlɪgou]

ensenada, bahía (f)	harbor	['hɑːbə]
arrecife (m) de coral	coral reef	['kɔːrəl riːf]
orilla (f)	shore	[ʃɔː]
costa (f)	coast	['koust]

| flujo (m) | flow | ['flou] |
| reflujo (m) | ebb | [ɛb] |

latitud (f)	latitude	['lætɪtuːd]
longitud (f)	longitude	['lɔːndʒɪtuːd]
paralelo (m)	parallel	['pærəlɛl]
ecuador (m)	equator	[ɪ'kweɪtə]

cielo (m)	sky	[skaɪ]
horizonte (m)	horizon	[hə'raɪzn]
atmósfera (f)	atmosphere	['ætməsfɪə]

montaña (f)	mountain	['mauntən]
cima (f)	summit, top	['sʌmɪt], [tɑːp]
roca (f)	cliff	[klɪf]

colina (f)	hill	[hɪl]
volcán (m)	volcano	[vɑːlˈkeɪnoʊ]
glaciar (m)	glacier	[ˈɡleɪʃə]
cascada (f)	waterfall	[ˈwɔːtəfɔːl]
llanura (f)	plain	[pleɪn]

río (m)	river	[ˈrɪvə]
manantial (m)	spring	[sprɪŋ]
ribera (f)	bank	[bæŋk]
río abajo (adv)	downstream	[ˈdaʊnstriːm]
río arriba (adv)	upstream	[ˈʌpstriːm]

lago (m)	lake	[leɪk]
presa (f)	dam	[dæm]
canal (m)	canal	[kəˈnæl]
pantano (m)	swamp	[swɑːmp]
hielo (m)	ice	[aɪs]

19. Los países. Unidad 1

Europa (f)	Europe	[ˈjʊrəp]
Unión (f) Europea	European Union	[jʊrəˈpiːən ˈjuːnɪən]
europeo (m)	European	[jʊrəˈpiːən]
europeo (adj)	European	[jʊrəˈpiːən]

Austria (f)	Austria	[ˈɔːstrɪə]
Gran Bretaña (f)	Great Britain	[ɡreɪt ˈbrɪtn]
Inglaterra (f)	England	[ˈɪŋɡlənd]
Bélgica (f)	Belgium	[ˈbɛldʒəm]
Alemania (f)	Germany	[ˈdʒɜːmənɪ]

Países Bajos (m pl)	Netherlands	[ˈnɛðələndz]
Holanda (f)	Holland	[ˈhɑːlənd]
Grecia (f)	Greece	[ɡriːs]
Dinamarca (f)	Denmark	[ˈdɛnmɑːk]
Irlanda (f)	Ireland	[ˈaɪələnd]

Islandia (f)	Iceland	[ˈaɪslənd]
España (f)	Spain	[speɪn]
Italia (f)	Italy	[ˈɪtəlɪ]
Chipre (m)	Cyprus	[ˈsaɪprəs]
Malta (f)	Malta	[ˈmɔːltə]

Noruega (f)	Norway	[ˈnɔːweɪ]
Portugal (m)	Portugal	[ˈpɔːtʃʊɡəl]
Finlandia (f)	Finland	[ˈfɪnlənd]
Francia (f)	France	[fræns]
Suecia (f)	Sweden	[ˈswiːdən]
Suiza (f)	Switzerland	[ˈswɪtsələnd]
Escocia (f)	Scotland	[ˈskɑːtlənd]

Vaticano (m)	**Vatican City**	['vætɪkən 'sɪtɪ]
Liechtenstein (m)	**Liechtenstein**	['lɪktənstaɪn]
Luxemburgo (m)	**Luxembourg**	['lʌksəmbɜ:g]
Mónaco (m)	**Monaco**	['mɑ:nəkoʊ]
Albania (f)	**Albania**	[æl'beɪnɪə]
Bulgaria (f)	**Bulgaria**	[bʊl'gɛrɪə]
Hungría (f)	**Hungary**	['hʌŋgərɪ]
Letonia (f)	**Latvia**	['lætvɪə]
Lituania (f)	**Lithuania**	[ˌlɪθu'eɪnjə]
Polonia (f)	**Poland**	['poʊlənd]
Rumania (f)	**Romania**	[rʊ:'meɪnɪə]
Serbia (f)	**Serbia**	['sɜ:bɪə]
Eslovaquia (f)	**Slovakia**	[slə'vækɪə]
Croacia (f)	**Croatia**	[kroʊ'eɪʃə]
Chequia (f)	**Czech Republic**	[ʧɛk rɪ'pʌblɪk]
Estonia (f)	**Estonia**	[ɛs'toʊnɪə]
Bosnia y Herzegovina	**Bosnia and Herzegovina**	['bɑ:znɪə ənd hɜ:tsəgə'vi:nə]
Macedonia	**North Macedonia**	[nɔ:θ ˌmæsɪ'dəʊnɪə]
Eslovenia	**Slovenia**	[slə'vi:nɪə]
Montenegro (m)	**Montenegro**	[mɑ:ntə'nɛgroʊ]
Bielorrusia (f)	**Belarus**	[bɛlə'ru:s]
Moldavia (f)	**Moldavia**	[mɑ:l'davɪə]
Rusia (f)	**Russia**	['rʌʃə]
Ucrania (f)	**Ukraine**	[ju:'kreɪn]

20. Los países. Unidad 2

Asia (f)	**Asia**	['eɪʒə]
Vietnam (m)	**Vietnam**	[vjət'nɑ:m]
India (f)	**India**	['ɪndɪə]
Israel (m)	**Israel**	['ɪzreɪl]
China (f)	**China**	['ʧaɪnə]
Líbano (m)	**Lebanon**	['lɛbənɑn]
Mongolia (f)	**Mongolia**	[mɑ:ŋ'goʊlɪə]
Malasia (f)	**Malaysia**	[mə'leɪʒə]
Pakistán (m)	**Pakistan**	['pækɪstæn]
Arabia (f) Saudita	**Saudi Arabia**	['saʊdɪ ə'reɪbɪə]
Tailandia (f)	**Thailand**	['taɪlænd]
Taiwán (m)	**Taiwan**	[ˌtaɪ'wɑ:n]
Turquía (f)	**Turkey**	['tɜ:kɪ]
Japón (m)	**Japan**	[dʒə'pæn]
Afganistán (m)	**Afghanistan**	[æf'gænɪstæn]
Bangladesh (m)	**Bangladesh**	[ˌbæŋglə'dɛʃ]

Indonesia (f)	Indonesia	[ɪndə'niːʒə]
Jordania (f)	Jordan	['dʒɔːdən]
Irak (m)	Iraq	[ɪ'rɑːk]
Irán (m)	Iran	[ɪ'rɑːn]

Camboya (f)	Cambodia	[kæm'boʊdɪə]
Kuwait (m)	Kuwait	[kʊ'weɪt]
Laos (m)	Laos	['laʊs]
Myanmar (m)	Myanmar	[mɪæn'mɑː]
Nepal (m)	Nepal	[nə'pɑl]

Emiratos (m pl) Árabes Unidos	United Arab Emirates	[juː'naɪtɪd 'ærəb 'ɛmərəts]
Siria (f)	Syria	['sɪrɪə]
Palestina (f)	Palestine	['pæləstaɪn]
Corea (f) del Sur	South Korea	['saʊθ kə'rɪə]
Corea (f) del Norte	North Korea	[nɔːθ kə'rɪə]

Estados Unidos de América	The United States of America	[ðə juː'naɪtɪd steɪts əv ə'mɛrɪkə]
Canadá (f)	Canada	['kænədə]
Méjico (m)	Mexico	['mɛksɪkoʊ]
Argentina (f)	Argentina	[ɑːdʒən'tiːnə]
Brasil (m)	Brazil	[brə'zɪl]

Colombia (f)	Colombia	[kə'lʌmbɪə]
Cuba (f)	Cuba	['kjuːbə]
Chile (m)	Chile	['tʃɪlɪ]
Venezuela (f)	Venezuela	[vɛnɪ'zwɛlə]
Ecuador (m)	Ecuador	['ɛkwədɔː]

Islas (f pl) Bahamas	The Bahamas	[ðə bə'hɑːməz]
Panamá (f)	Panama	['pænəmɑː]
Egipto (m)	Egypt	['iːdʒɪpt]
Marruecos (m)	Morocco	[mə'rɑːkoʊ]
Túnez (m)	Tunisia	[tʊ'nɪʒə]

Kenia (f)	Kenya	['kɛnjə]
Libia (f)	Libya	['lɪbɪə]
República (f) Sudafricana	South Africa	['saʊθ 'æfrɪkə]
Australia (f)	Australia	[ɔː'streɪlɪə]
Nueva Zelanda (f)	New Zealand	[nuː 'ziːlənd]

21. El tiempo. Los desastres naturales

tiempo (m)	weather	['wɛðə]
previsión (f) del tiempo	weather forecast	['wɛðə 'fɔːkæst]
temperatura (f)	temperature	['tɛmprətʃə]
termómetro (m)	thermometer	[θə'mɑːmɪtə]
barómetro (m)	barometer	[bə'rɑːmɪtə]

sol (m)	**sun**	[sʌn]
brillar (vi)	**to shine** (vi)	[tʊ ʃaɪn]
soleado (un día ~)	**sunny**	['sʌnɪ]
elevarse (el sol)	**to come up** (vi)	[tʊ kʌm ʌp]
ponerse (vr)	**to set** (vi)	[tʊ sɛt]
lluvia (f)	**rain**	[reɪn]
está lloviendo	**it's raining**	[ɪts 'reɪnɪŋ]
aguacero (m)	**pouring rain**	['pɔːrɪŋ reɪn]
nubarrón (m)	**rain cloud**	[reɪn 'klaʊd]
charco (m)	**puddle**	['pʌdl]
mojarse (vr)	**to get wet**	[tʊ gɛt wɛt]
tormenta (f)	**thunderstorm**	['θʌndəstɔːm]
relámpago (m)	**lightning**	['laɪtnɪŋ]
relampaguear (vi)	**to flash** (vi)	[tʊ flæʃ]
trueno (m)	**thunder**	['θʌndə]
está tronando	**it's thundering**	[ɪts 'θʌndərɪŋ]
granizo (m)	**hail**	[heɪl]
está granizando	**it's hailing**	[ɪts heɪlɪŋ]
bochorno (m)	**heat**	[hiːt]
hace mucho calor	**it's hot**	[ɪts hɑːt]
hace calor (templado)	**it's warm**	[ɪts wɔːm]
hace frío	**it's cold**	[ɪts 'koʊld]
niebla (f)	**fog, mist**	[fɑːg], [mɪst]
nebuloso (adj)	**foggy**	['fɑːgɪ]
nube (f)	**cloud**	['klaʊd]
nuboso (adj)	**cloudy**	['klaʊdɪ]
humedad (f)	**humidity**	[hjuː'mɪdətɪ]
nieve (f)	**snow**	['snoʊ]
está nevando	**it's snowing**	[ɪts 'snoʊɪŋ]
helada (f)	**frost**	[frɔːst]
bajo cero (adv)	**below zero**	[bɪ'loʊ 'zɪroʊ]
escarcha (f)	**hoarfrost**	['hɔːfrɔːst]
mal tiempo (m)	**bad weather**	[bæd 'wɛðə]
catástrofe (f)	**disaster**	[dɪ'zæstə]
inundación (f)	**flood**	[flʌd]
avalancha (f)	**avalanche**	['ævəlɑːnʃ]
terremoto (m)	**earthquake**	['ɜːθkweɪk]
sacudida (f)	**tremor, shock**	['trɛmə], [ʃɑːk]
epicentro (m)	**epicenter**	['ɛpɪsɛntə]
erupción (f)	**eruption**	[ɪ'rʌpʃn]
lava (f)	**lava**	['lɑːvə]
torbellino (m), tornado (m)	**twister, tornado**	['twɪstə], [tɔː'neɪdoʊ]
tornado (m)	**tornado**	[tɔː'neɪdoʊ]
torbellino (m)	**twister**	['twɪstə]

huracán (m)	hurricane	['hʌrɪkeɪn]
tsunami (m)	tsunami	[tsuː'nɑːmɪ]
ciclón (m)	cyclone	['saɪkloʊn]

22. Los animales. Unidad 1

| animal (m) | animal | ['ænɪməl] |
| carnívoro (m) | predator | ['prɛdətə] |

tigre (m)	tiger	['taɪgə]
león (m)	lion	['laɪən]
lobo (m)	wolf	[wʊlf]
zorro (m)	fox	[fɑːks]
jaguar (m)	jaguar	['dʒægwɑ]

lince (m)	lynx	[lɪnks]
coyote (m)	coyote	[kaɪ'oʊtɪ]
chacal (m)	jackal	['dʒækəl]
hiena (f)	hyena	[haɪ'iːnə]

ardilla (f)	squirrel	['skwɜːrəl]
erizo (m)	hedgehog	['hɛdʒhɔːg]
conejo (m)	rabbit	['ræbɪt]
mapache (m)	raccoon	[rə'kuːn]

hámster (m)	hamster	['hæmstə]
topo (m)	mole	['moʊl]
ratón (m)	mouse	['maʊs]
rata (f)	rat	[ræt]
murciélago (m)	bat	[bæt]

castor (m)	beaver	['biːvə]
caballo (m)	horse	[hɔːs]
ciervo (m)	deer	[dɪə]
camello (m)	camel	['kæməl]
cebra (f)	zebra	['ziːbrə]

ballena (f)	whale	[weɪl]
foca (f)	seal	[siːl]
morsa (f)	walrus	['wɔːlrəs]
delfín (m)	dolphin	['dɑːlfɪn]

oso (m)	bear	[bɛə]
mono (m)	monkey	['mʌŋkɪ]
elefante (m)	elephant	['ɛlɪfənt]
rinoceronte (m)	rhinoceros	[raɪ'nɑːsərəs]
jirafa (f)	giraffe	[dʒə'ræf]

| hipopótamo (m) | hippopotamus | [hɪpə'pɑːtəməs] |
| canguro (m) | kangaroo | [kæŋgə'ruː] |

| gata (f) | cat | [kæt] |
| perro (m) | dog | [dɔ:g] |

vaca (f)	cow	['kaʊ]
toro (m)	bull	[bʊl]
oveja (f)	sheep	[ʃi:p]
cabra (f)	goat	['goʊt]

asno (m)	donkey	['dɔːŋkɪ]
cerdo (m)	pig, hog	[pɪg], [hɔːg]
gallina (f)	hen	[hɛn]
gallo (m)	rooster	['ruːstə]

pato (m)	duck	[dʌk]
ganso (m)	goose	[guːs]
pava (f)	turkey	['tɜːkɪ]
perro (m) pastor	sheepdog	['ʃiːpdɔːg]

23. Los animales. Unidad 2

pájaro (m)	bird	[bɜːd]
paloma (f)	pigeon	['pɪdʒɪn]
gorrión (m)	sparrow	['spærou]
carbonero (m)	tit	[tɪt]
urraca (f)	magpie	['mægpaɪ]

águila (f)	eagle	['iːgl]
azor (m)	hawk	[hɔːk]
halcón (m)	falcon	['fɑːlkən]

cisne (m)	swan	[swɑːn]
grulla (f)	crane	[kreɪn]
cigüeña (f)	stork	[stɔːk]
loro (m), papagayo (m)	parrot	['pærət]
pavo (m) real	peacock	['piːkɑːk]
avestruz (m)	ostrich	['ɑːstrɪʧ]

garza (f)	heron	['hɛrən]
ruiseñor (m)	nightingale	['naɪtɪŋgeɪl]
golondrina (f)	swallow	['swɑːlou]
pájaro carpintero (m)	woodpecker	['wʊdpɛkə]
cuco (m)	cuckoo	['kʊkuː]
lechuza (f)	owl	['aʊl]

pingüino (m)	penguin	['pɛŋgwɪn]
atún (m)	tuna	['tuːnə]
trucha (f)	trout	['traʊt]
anguila (f)	eel	[iːl]
tiburón (m)	shark	[ʃɑːk]
centolla (f)	crab	[kræb]

medusa (f)	jellyfish	['dʒɛlifɪʃ]
pulpo (m)	octopus	['ɑːktəpəs]
estrella (f) de mar	starfish	['stɑːfɪʃ]
erizo (m) de mar	sea urchin	[si: 'ɜːtʃɪn]
caballito (m) de mar	seahorse	['siːhɔːs]
camarón (m)	shrimp	[ʃrɪmp]
serpiente (f)	snake	[sneɪk]
víbora (f)	viper	['vaɪpə]
lagarto (m)	lizard	['lɪzəd]
iguana (f)	iguana	[ɪ'gwɑːnə]
camaleón (m)	chameleon	[kə'miːlɪən]
escorpión (m)	scorpion	['skɔːpɪən]
tortuga (f)	turtle	['tɜːtl]
rana (f)	frog	[frɔːg]
cocodrilo (m)	crocodile	['krɑːkədaɪl]
insecto (m)	insect, bug	['ɪnsɛkt], [bʌg]
mariposa (f)	butterfly	['bʌtəflaɪ]
hormiga (f)	ant	[ænt]
mosca (f)	fly	[flaɪ]
mosquito (m) (picadura de ~)	mosquito	[mə'skiːtoʊ]
escarabajo (m)	beetle	['biːtl]
abeja (f)	bee	[biː]
araña (f)	spider	['spaɪdə]
mariquita (f)	ladybug	['leɪdɪbʌg]

24. Los árboles. Las plantas

árbol (m)	tree	[triː]
abedul (m)	birch	[bɜːtʃ]
roble (m)	oak	['oʊk]
tilo (m)	linden tree	['lɪndən triː]
pobo (m)	aspen	['æspən]
arce (m)	maple	['meɪpl]
pícea (f)	spruce	[spruːs]
pino (m)	pine	[paɪn]
cedro (m)	cedar	['siːdə]
álamo (m)	poplar	['pɑːplə]
serbal (m)	rowan	['roʊən]
haya (f)	beech	[biːtʃ]
olmo (m)	elm	[ɛlm]
fresno (m)	ash	[æʃ]
castaño (m)	chestnut	['tʃɛsnʌt]

| palmera (f) | palm tree | [pɑːm triː] |
| mata (f) | bush | [bʊʃ] |

seta (f)	mushroom	['mʌʃrʊm]
seta (f) venenosa	poisonous mushroom	['pɔɪzənəs 'mʌʃrʊm]
seta calabaza (f)	cep	[sɛp]
rúsula (f)	russula	['rʌsjʊlə]
matamoscas (m)	fly agaric	[flaɪ 'ægərɪk]
oronja (f) verde	death cap	[dɛθ kæp]

flor (f)	flower	['flaʊə]
ramo (m) de flores	bouquet	[bʊ'keɪ]
rosa (f)	rose	['rouz]
tulipán (m)	tulip	['tuːlɪp]
clavel (m)	carnation	[kɑːˈneɪʃn]

manzanilla (f)	camomile	['kæməmaɪl]
cacto (m)	cactus	['kæktəs]
muguete (m)	lily of the valley	['lɪlɪ əv ðə 'vælɪ]
campanilla (f) de las nieves	snowdrop	['snoʊdrɑːp]
nenúfar (m)	water lily	['wɔːtə 'lɪlɪ]

invernadero (m) tropical	conservatory	[kənˈsɜːvətɔːrɪ]
césped (m)	lawn	[lɔːn]
macizo (m) de flores	flowerbed	['flaʊəbɛd]

planta (f)	plant	[plænt]
hierba (f)	grass	[grɑːs]
hoja (f)	leaf	[liːf]
pétalo (m)	petal	['pɛtl]
tallo (m)	stem	[stɛm]
retoño (m)	young plant	[jʌŋ plænt]

cereales (m pl) (plantas)	cereal crops	['sɪrɪəl krɑːps]
trigo (m)	wheat	[wiːt]
centeno (m)	rye	[raɪ]
avena (f)	oats	['oʊts]

mijo (m)	millet	['mɪlɪt]
cebada (f)	barley	['bɑːlɪ]
maíz (m)	corn	[kɔːn]
arroz (m)	rice	[raɪs]

25. Varias palabras útiles

alto (m) (parada temporal)	stop, pause	[stɑːp], [pɔːz]
ayuda (f)	help	[hɛlp]
balance (m)	balance	['bæləns]
base (f) (~ científica)	base	[beɪs]
categoría (f)	category	['kætəgɔːrɪ]

coincidencia (f)	coincidence	[kouˈɪnsɪdəns]
comienzo (m) (principio)	beginning	[bɪˈɡɪnɪŋ]
comparación (f)	comparison	[kəmˈpærɪsən]
desarrollo (m)	development	[dɪˈvɛləpmənt]
diferencia (f)	difference	[ˈdɪfrəns]
efecto (m)	effect	[ɪˈfɛkt]
ejemplo (m)	example	[ɪɡˈzæmpl]
variedad (f) (selección)	choice	[ʧɔɪs]
elemento (m)	element	[ˈɛlɪmənt]
error (m)	mistake, error	[mɪˈsteɪk], [ˈɛrə]
esfuerzo (m)	effort	[ˈɛfət]
estándar (adj)	standard	[ˈstændəd]
estilo (m)	style	[staɪl]
forma (f) (contorno)	shape	[ʃeɪp]
grado (m) (en mayor ~)	degree	[dɪˈɡriː]
hecho (m)	fact	[fækt]
ideal (m)	ideal	[aɪˈdɪəl]
modo (m) (de otro ~)	way	[weɪ]
momento (m)	moment	[ˈmoʊmənt]
obstáculo (m)	obstacle	[ˈɑːbstəkl]
parte (f)	part	[pɑːt]
pausa (f)	pause	[pɔːz]
posición (f)	position	[pəˈzɪʃn]
problema (m)	problem	[ˈprɑːbləm]
proceso (m)	process	[ˈproʊsɛs]
progreso (m)	progress	[ˈproʊɡrɛs]
propiedad (f) (cualidad)	property, quality	[ˈprɑːpəti], [ˈkwɑːləti]
reacción (f)	reaction	[rɪˈækʃn]
riesgo (m)	risk	[rɪsk]
secreto (m)	secret	[ˈsiːkrɪt]
serie (f)	series	[ˈsɪriːz]
sistema (m)	system	[ˈsɪstəm]
situación (f)	situation	[sɪtjʊˈeɪʃn]
solución (f)	solution	[səˈluːʃn]
tabla (f) (~ de multiplicar)	table, chart	[ˈteɪbl], [ʧɑːt]
tempo (m) (ritmo)	tempo, rate	[ˈtempoʊ], [reɪt]
término (m)	term	[tɜːm]
tipo (m)	kind	[kaɪnd]
(p.ej. ~ de deportes)		
turno (m) (esperar su ~)	turn	[tɜːn]
urgente (adj)	urgent	[ˈɜːdʒənt]
utilidad (f)	utility	[juːˈtɪləti]
variante (f)	variant	[ˈvɛrɪənt]
verdad (f)	truth	[truːθ]
zona (f)	zone	[ˈzoʊn]

26. Los adjetivos. Unidad 1

abierto (adj)	open	['oʊpən]
adicional (adj)	additional	[ə'dɪʃənəl]
agrio (sabor ~)	sour	['saʊə]
agudo (adj)	sharp	[ʃɑːp]
amargo (adj)	bitter	['bɪtə]
amplio (~a habitación)	spacious	['speɪʃəs]
antiguo (adj)	ancient	['eɪnʃənt]
arriesgado (adj)	risky	['rɪskɪ]
artificial (adj)	artificial	[ɑːtɪ'fɪʃl]
azucarado, dulce (adj)	sweet	[swiːt]
bajo (voz ~a)	low	['loʊ]
bello (hermoso)	beautiful	['bjuːtɪfʊl]
blando (adj)	soft	[sɔːft]
bronceado (adj)	tan	[tæn]
central (adj)	central	['sɛntrəl]
ciego (adj)	blind	[blaɪnd]
clandestino (adj)	clandestine	[klæn'dɛstɪn]
compatible (adj)	compatible	[kəm'pætəbl]
congelado (pescado ~)	frozen	['froʊzn]
contento (adj)	contented	[kən'tɛntɪd]
continuo (adj)	prolonged	[prə'lɔːŋd]
cortés (adj)	polite	[pə'laɪt]
corto (adj)	short	[ʃɔːt]
crudo (huevos ~s)	raw	[rɔː]
de segunda mano	second hand	['sɛkənd hænd]
denso (~a niebla)	dense	[dɛns]
derecho (adj)	right	[raɪt]
difícil (decisión)	difficult	['dɪfɪkəlt]
dulce (agua ~)	fresh	[frɛʃ]
duro (material, etc.)	hard	[hɑːd]
enfermo (adj)	ill, sick	[ɪl], [sɪk]
enorme (adj)	huge	[hjuːʤ]
especial (adj)	special	['spɛʃəl]
estrecho (calle, etc.)	narrow	['næroʊ]
exacto (adj)	exact	[ɪg'zækt]
excelente (adj)	excellent	['ɛksələnt]
excesivo (adj)	excessive	[ɪk'sɛsɪv]
exterior (adj)	exterior	[ɪk'stɪrɪə]
fácil (adj)	easy	['iːzɪ]
feliz (adj)	happy	['hæpɪ]
fértil (la tierra ~)	fertile	['fɜːtəl]
frágil (florero, etc.)	fragile	['fræʤəl]

fuerte (~ voz)	loud	['laʊd]
fuerte (adj)	strong	[strɔːŋ]
grande (en dimensiones)	big	[bɪg]
gratis (adj)	free	[friː]
importante (adj)	important	[ɪm'pɔːtənt]

infantil (adj)	children's	['ʧɪldrənz]
inmóvil (adj)	immobile	[ɪ'moʊbl]
inteligente (adj)	clever	['klɛvə]
interior (adj)	interior	[ɪn'tɪrɪə]
izquierdo (adj)	left	[lɛft]

27. Los adjetivos. Unidad 2

largo (camino)	long	[lɔːŋ]
legal (adj)	legal	['liːgəl]
ligero (un metal ~)	light	[laɪt]
limpio (camisa ~)	clean	[kliːn]
líquido (adj)	liquid	['lɪkwɪd]

liso (piel, pelo, etc.)	smooth	[smuːð]
lleno (adj)	full	[fʊl]
maduro (fruto, etc.)	ripe	[raɪp]
malo (adj)	bad	[bæd]
mate (sin brillo)	matt, matte	[mæt]

misterioso (adj)	mysterious	[mɪ'stɪrɪəs]
muerto (adj)	dead	[dɛd]
natal (país ~)	native	['neɪtɪv]
negativo (adj)	negative	['nɛgətɪv]
no difícil (adj)	not difficult	[nɑːt 'dɪfɪkəlt]

normal (adj)	normal	['nɔːməl]
nuevo (adj)	new	[nuː]
obligatorio (adj)	obligatory	[ə'blɪgətrɪ]
opuesto (adj)	opposite	['ɑːpəzət]
ordinario (adj)	ordinary	['ɔːdənrɪ]

original (inusual)	original	[ə'rɪdʒɪnəl]
peligroso (adj)	dangerous	['deɪndʒərəs]
pequeño (adj)	small	[smɔːl]
perfecto (adj)	superb, perfect (adj)	[suː'pɜːb], ['pɜːfɪkt]
personal (adj)	personal	['pɜːsənəl]
pobre (adj)	poor	[pʊə]

poco claro (adj)	unclear	[ʌn'klɪə]
poco profundo (adj)	shallow	['ʃæloʊ]
posible (adj)	possible	['pɑːsəbl]
principal (~ idea)	principal	['prɪnsɪpl]
principal (la entrada ~)	main, principal	[meɪn], ['prɪnsɪpəl]

probable (adj)	probable	['prɑ:bəbl]
público (adj)	public	['pʌblɪk]
rápido (adj)	fast, quick	[fæst], [kwɪk]
raro (adj)	rare	[rɛə]
recto (línea ~a)	straight	[streɪt]

sabroso (adj)	tasty	['teɪstɪ]
siguiente (avión, etc.)	next	[nɛkst]
similar (adj)	similar	['sɪmɪlə]
sólido (~a pared)	solid	['sɑ:lɪd]
sucio (no limpio)	dirty	['dɜ:tɪ]
tonto (adj)	stupid	['stu:pɪd]

triste (mirada ~)	sad	[sæd]
último (~a oportunidad)	last, final	[læst], ['faɪnəl]
último (~a vez)	last	[læst]
vacío (vaso medio ~)	empty	['ɛmptɪ]
viejo (casa ~a)	old	['oʊld]

28. Los verbos. Unidad 1

abrir (vt)	to open (vt)	[tʊ 'oʊpən]
acabar, terminar (vt)	to finish (vt)	[tʊ 'fɪnɪʃ]
acusar (vt)	to accuse (vt)	[tʊ ə'kju:z]
agradecer (vt)	to thank (vt)	[tʊ θæŋk]
almorzar (vi)	to have lunch	[tʊ hæv lʌntʃ]
alquilar (~ una casa)	to rent (vt)	[tʊ rɛnt]

anular (vt)	to cancel (vt)	[tʊ 'kænsəl]
anunciar (vt)	to announce (vt)	[tʊ ə'naʊns]
apagar (vt)	to turn off (vt)	[tʊ tɜ:n ɔ:f]
autorizar (vt)	to permit (vt)	[tʊ pə'mɪt]
ayudar (vt)	to help (vt)	[tʊ hɛlp]

bailar (vi, vt)	to dance (vi, vt)	[tʊ dæns]
beber (vi, vt)	to drink (vi, vt)	[tʊ drɪŋk]
borrar (vt)	to delete (vt)	[tʊ dɪ'li:t]
bromear (vi)	to joke (vi)	[tʊ 'dʒoʊk]
bucear (vi)	to dive (vi)	[tʊ daɪv]
caer (vi)	to fall (vi)	[tʊ fɔ:l]

cambiar (vt)	to change (vt)	[tʊ tʃeɪndʒ]
cantar (vi)	to sing (vi)	[tʊ sɪŋ]
cavar (vt)	to dig (vt)	[tʊ dɪg]
cazar (vi, vt)	to hunt (vi, vt)	[tʊ hʌnt]
cenar (vi)	to have dinner	[tʊ hæv 'dɪnə]

cerrar (vt)	to close (vt)	[tʊ 'kloʊz]
cesar (vt)	to stop (vt)	[tʊ stɑ:p]
coger (vt)	to catch (vt)	[tʊ kætʃ]

comenzar (vt)	to begin (vt)	[tʊ bɪ'gɪn]
comer (vi, vt)	to eat (vi, vt)	[tʊ iːt]
comparar (vt)	to compare (vt)	[tʊ kəm'pɛə]
comprar (vt)	to buy (vt)	[tʊ baɪ]
comprender (vt)	to understand (vt)	[tʊ ʌndə'stænd]
confiar (vt)	to trust (vt)	[tʊ trʌst]
confirmar (vt)	to confirm (vt)	[tʊ kən'fɜːm]
conocer (~ a alguien)	to know (vt)	[tʊ 'noʊ]
construir (vt)	to build (vt)	[tʊ bɪld]
contar (una historia)	to tell (vt)	[tʊ tɛl]
contar (vt) (enumerar)	to count (vt)	[tʊ 'kaʊnt]
contar con ...	to count on ...	[tʊ 'kaʊnt ɑːn ...]
copiar (vt)	to copy (vt)	[tʊ 'kɑːpɪ]
correr (vi)	to run (vi)	[tʊ rʌn]
costar (vt)	to cost (vt)	[tʊ kɔːst]
crear (vt)	to create (vt)	[tʊ kriː'eɪt]
creer (en Dios)	to believe (vi)	[tʊ bɪ'liːv]
dar (vt)	to give (vt)	[tʊ gɪv]
decidir (vt)	to decide (vt)	[tʊ dɪ'saɪd]
decir (vt)	to say (vt)	[tʊ seɪ]
dejar caer	to drop (vt)	[tʊ drɑːp]
depender de ...	to depend on ...	[tʊ dɪ'pɛnd ɑːn ...]
desaparecer (vi)	to disappear (vi)	[tʊ dɪsə'pɪə]
desayunar (vi)	to have breakfast	[tʊ hæv 'brɛkfəst]
despreciar (vt)	to despise (vt)	[tʊ dɪ'spaɪz]
disculpar (vt)	to excuse (vt)	[tʊ ɪk'skjuːz]
disculparse (vr)	to apologize (vi)	[tʊ ə'pɑːlədʒaɪz]
discutir (vt)	to discuss (vt)	[tʊ dɪs'kʌs]
divorciarse (vr)	to divorce (vi)	[tʊ dɪ'vɔːs]
dudar (vt)	to doubt (vi)	[tʊ 'daʊt]

29. Los verbos. Unidad 2

encender (vt)	to turn on (vt)	[tʊ tɜːn ɑːn]
encontrar (hallar)	to find (vt)	[tʊ faɪnd]
encontrarse (vr)	to meet (vi, vt)	[tʊ miːt]
engañar (vi, vt)	to deceive (vi, vt)	[tʊ dɪ'siːv]
enviar (vt)	to send (vt)	[tʊ sɛnd]
equivocarse (vr)	to make a mistake	[tʊ meɪk ə mɪ'steɪk]
escoger (vt)	to choose (vt)	[tʊ tʃuːz]
esconder (vt)	to hide (vt)	[tʊ haɪd]
escribir (vt)	to write (vt)	[tʊ raɪt]
esperar (aguardar)	to wait (vt)	[tʊ weɪt]
esperar (tener esperanza)	to hope (vi, vt)	[tʊ 'hoʊp]

estar ausente	to be absent	[tʊ bi 'æbsənt]
estar cansado	to get tired	[tʊ gɛt 'taɪəd]
estar de acuerdo	to agree (vi)	[tʊ ə'griː]
estudiar (vt)	to study (vt)	[tʊ 'stʌdɪ]
exigir (vt)	to demand (vt)	[tʊ dɪ'mænd]
existir (vi)	to exist (vi)	[tʊ ɪg'zɪst]

explicar (vt)	to explain (vt)	[tʊ ɪk'spleɪn]
faltar (a las clases)	to miss (vt)	[tʊ mɪs]
felicitar (vt)	to congratulate (vt)	[tʊ kən'grætʃʊleɪt]
firmar (~ el contrato)	to sign (vt)	[tʊ saɪn]
girar (~ a la izquierda)	to turn (vi)	[tʊ tɜːn]
gritar (vi)	to shout (vi)	[tʊ 'ʃaʊt]

guardar (conservar)	to keep (vt)	[tʊ kiːp]
gustar (vi)	to like (vt)	[tʊ laɪk]
hablar (vi, vt)	to speak (vi, vt)	[tʊ spiːk]
hablar con …	to talk to …	[tʊ tɔːk tʊ …]
hacer (vt)	to do (vt)	[tʊ duː]

hacer la limpieza	to clean up	[tʊ kliːn ʌp]
insistir (vi)	to insist (vi, vt)	[tʊ ɪn'sɪst]
insultar (vt)	to insult (vt)	[tʊ ɪn'sʌlt]
invitar (vt)	to invite (vt)	[tʊ ɪn'vaɪt]
ir (a pie)	to go (vi)	[tʊ 'goʊ]

jugar (divertirse)	to play (vi)	[tʊ pleɪ]
leer (vi, vt)	to read (vi, vt)	[tʊ riːd]
llegar (vi)	to arrive (vi)	[tʊ ə'raɪv]
llorar (vi)	to cry (vi)	[tʊ kraɪ]
matar (vt)	to kill (vt)	[tʊ kɪl]
mirar a …	to look at …	[tʊ lʊk æt …]

molestar (vt)	to disturb (vt)	[tʊ dɪ'stɜːb]
morir (vi)	to die (vi)	[tʊ daɪ]
mostrar (vt)	to show (vt)	[tʊ 'ʃoʊ]
nacer (vi)	to be born	[tʊ bi bɔːn]
nadar (vi)	to swim (vi)	[tʊ swɪm]
negar (vt)	to deny (vt)	[tʊ dɪ'naɪ]

obedecer (vi, vt)	to obey (vi, vt)	[tʊ ə'beɪ]
odiar (vt)	to hate (vt)	[tʊ heɪt]
oír (vt)	to hear (vt)	[tʊ hɪə]
olvidar (vt)	to forget (vi, vt)	[tʊ fə'gɛt]
orar (vi)	to pray (vi, vt)	[tʊ preɪ]

30. Los verbos. Unidad 3

| pagar (vi, vt) | to pay (vi, vt) | [tʊ peɪ] |
| participar (vi) | to participate (vi) | [tʊ pɑː'tɪsɪpeɪt] |

pegar (golpear)	**to beat** (vt)	[tʊ biːt]
pelear (vi)	**to fight** (vi)	[tʊ faɪt]
pensar (vi, vt)	**to think** (vi, vt)	[tʊ θɪŋk]
perder (paraguas, etc.)	**to lose** (vt)	[tʊ luːz]
perdonar (vt)	**to forgive** (vt)	[tʊ fəˈgɪv]
pertenecer a ...	**to belong to ...**	[tʊ bɪˈlɔːŋ tʊ ...]
poder (v aux)	**can** (v aux)	[kæn]
poder (v aux)	**can** (v aux)	[kæn]
preguntar (vt)	**to ask** (vt)	[tʊ æsk]
preparar (la cena)	**to cook** (vt)	[tʊ kʊk]
prever (vt)	**to expect** (vt)	[tʊ ɪkˈspɛkt]
probar (vt)	**to prove** (vt)	[tʊ pruːv]
prohibir (vt)	**to forbid** (vt)	[tʊ fəˈbɪd]
prometer (vt)	**to promise** (vt)	[tʊ ˈprɑːmɪs]
proponer (vt)	**to propose** (vt)	[tʊ prəˈpoʊz]
quebrar (vt)	**to break** (vt)	[tʊ breɪk]
quejarse (vr)	**to complain** (vi, vt)	[tʊ kəmˈpleɪn]
querer (amar)	**to love** (vt)	[tʊ lʌv]
querer (desear)	**to want** (vt)	[tʊ wɑːnt]
recibir (vt)	**to receive** (vt)	[tʊ rɪˈsiːv]
repetir (vt)	**to repeat** (vt)	[tʊ rɪˈpiːt]
reservar (~ una mesa)	**to reserve, to book**	[tʊ rɪˈzɜːv], [tʊ bʊk]
responder (vi, vt)	**to answer** (vi, vt)	[tʊ ˈænsə]
robar (vt)	**to steal** (vt)	[tʊ stiːl]
saber (~ algo mas)	**to know** (vt)	[tʊ ˈnoʊ]
salvar (vt)	**to save, to rescue**	[tʊ seɪv], [tʊ ˈrɛskjuː]
secar (ropa, pelo)	**to dry** (vt)	[tʊ draɪ]
sentarse (vr)	**to sit down** (vi)	[tʊ sɪt ˈdaʊn]
sonreír (vi)	**to smile** (vi)	[tʊ smaɪl]
tener (vt)	**to have** (vt)	[tʊ hæv]
tener miedo	**to be afraid**	[tʊ bi əˈfreɪd]
tener prisa	**to hurry** (vi)	[tʊ ˈhʌrɪ]
tener prisa	**to be in a hurry**	[tʊ bi ɪn ə ˈhʌrɪ]
terminar (vt)	**to end** (vt)	[tʊ ɛnd]
tirar, disparar (vi)	**to shoot** (vi)	[tʊ ʃuːt]
tomar (vt)	**to take** (vt)	[tʊ teɪk]
trabajar (vi)	**to work** (vi)	[tʊ wɜːk]
traducir (vt)	**to translate** (vt)	[tʊ ˈtrænsleɪt]
tratar (de hacer algo)	**to try** (vt)	[tʊ traɪ]
vender (vt)	**to sell** (vt)	[tʊ sɛl]
ver (vt)	**to see** (vt)	[tʊ siː]
verificar (vt)	**to check** (vt)	[tʊ tʃɛk]
volar (pájaro, avión)	**to fly** (vi)	[tʊ flaɪ]